RAUHNÄCHTE
DIE MAGIE DER ZWÖLF HEILIGEN NÄCHTE

Wie Sie Bräuche und Rituale anwenden können, um sich selbst zu finden, und besondere Zeit voller Magie und Mystik in Ihr Herz und Leben zu holen

Emonora Brevil

ISBN: 9798357088215

INHALTSVERZEICHNIS

Rauhnächte

„Durch graue Schneegestöber wallen
Gestalten, schrecklich anzuseh'n...
Der Himmel lässt die Flocken fallen
ins Nachtschwarz. Böse Geister fleh'n:

Ihr Perchten – seid es Ihr wohl wieder?
Lasst ab – sonst müssen wir entflieh'n!
Der Umzug brüllt nun düst're Lieder.
Die wilde Jagd fährt drüber hin...

Die Kräfte kämpfen. - Mal hat jene
und dann die and're Oberhand,
der Teufel feixt zu dieser Szene,
beobachtet sie unverwandt.

Und dazu tanzen schlimme Druden;
Ein Hexensabbat ist es schier...
In Villen, Häusern und in Buden,
da herrschen Furcht und Schrecken hier.

Doch nein, mit wilden Masken, Feuer
und Lärm scheucht man die Geister fort!
Ab sechsten Januar: Ein neuer,
ein frommer Geist herrscht dann im Ort."

Paul Rudolf Uhl

VORWORT

In jedem Jahr, in dem wir auf dieser Welt verweilen, erleben wir eine einzigartige Zeit, in der wir uns auf eine besondere Nacht vorbereiten. Es ist die „Heilige Nacht", die Nacht, in der vor vielen tausend Jahren Jesus in einem Stall in Jerusalem geboren wurde. Sie ist die Nacht der Wiedergeburt des Lichtes in den dunkelsten Nächsten des Jahres. Auf die Ankunft des Lichtes bereiten uns auf besondere Weise vor.

Es ist die Adventszeit, in der wir uns auf die Weihnachtszeit vorbereiten und voller Vorfreude darauf warten, dass das „ewige" Licht wiedergeboren wird. Es werden Pläne geschmiedet, liebevolle Geschenke für besondere Menschen hübsch verpackt, Karten geschrieben, um Danke sagen und gute Wünsche anderen Menschen mit auf den Weg zu geben. Es kehrt eine gewisse Ruhe und Besinnlichkeit ein.

Wir zünden Kerzen an, schmücken Haus und Wohnung und es wird sich überlegt, wie das besondere Fest begangen werden möchte. Trotz Stress und Hektik versuchen wir in dieser Zeit die Stille auf uns wirken zu lassen und beschäftigen uns sogar mit spirituellen Inhalten, die eine besondere Art von Magie mitbringen. Wenn das alte Jahr in das neue übergeht, ist die Zeit da, in der wir zurückblicken und gleichzeitig nach vorne schauen.

Wir lassen alten Ballast hinter uns und schauen, was wir in das neue Jahr mitnehmen wollen oder müssen. Sie stellen sich die Frage, was das neue Jahr für Sie im Gepäck hat und welche Erlebnisse dort auf Sie warten werden. Sie wagen einen ersten Blick in die Zukunft und versuchen Hinweise und Zeichen zu erkennen, was das neue Jahr für Sie ganz persönlich bereithält.

Die Weihnachtszeit ist nicht nur mystisch und geheimnisvoll, sondern steckt voller Magie und Mystik. Es öffnen sich zahlreiche Türen, die Ihnen einen Weg in andere Dimensionen eröffnen. Sie können auf unterschiedlichen Pfaden wandeln, auf denen Sie in das Herrschaftsgebiet von Engeln und Naturwesen, in kosmische Gefilde und das Reich der Toten gelangen und darin eintauchen.

Alle Pfade sind von einem Segensstrom begleitet, der auf unterschiedlichen Ebenen für Erneuerung und Heilung sorgen kann, wenn Sie das zulassen und dafür bereit sind. Um Erneuerung und Heilung zu erfahren, müssen Sie nicht unbedingt religiöse Rituale durchführen. Es gibt jedes Jahr eine Wiederholung dieses besonderen Naturereignisses, das weder spirituellen Trends noch Modeerscheinungen unterliegt.

Dieses Naturereignis wird als die Rauhnächte bezeichnet. Diese Zeit beginnt in der Nacht vom 24. Dezember auf den 25. Dezember und endet in der Nacht vom 4. Januar und den 5. Januar im darauffolgenden Jahr. Für manche ist der 21. Dezember, die Thomasnacht, die erste Rauhnacht, in der diese besondere Zeit beginnt.

In dieser Zeit leben wir Menschen in einer Zeit der Veränderung, in der sich Kreise schließen, vieles zu den eigenen Wurzeln zurückkehrt und Ihnen viele Möglichkeiten offen stehen. Die Rauhnächte können Sie dazu nutzen, um die Weichen für ein erfülltes Leben zu stellen, in dem Sie mit der Schöpfung und der höheren Natur im Einklang sind.

Sie erfahren, was für Sie wirklich von Bedeutung ist und was keine besondere Wichtigkeit hat. Sie schaffen Platz, indem Sie aufräumen. Sie lassen Neues zu und blicken voller Erwartung auf die Dinge, die Ihnen zukünftig begegnen werden. Sie manifestieren neue, ganz persönliche Zielsetzungen und können für die Umsetzung um Hilfe aus der geistigen Welt bitten.

In meinem Buch möchte ich Ihnen die Besonderheiten der Rauhnächte näherbringen, indem ich Ihnen traditionelle Rituale und Bräuche sowie moderne Möglichkeiten aufzeige, um diese besonderen Tage um die Jahreswende aktiv und bewusst zu erleben und zu feiern. Lassen Sie sich inspirieren und nutzen Sie die einzigartige Magie, die nur darauf wartet, dass Sie sich dafür öffnen und die Zeit mit Ihrem ganzen Bewusstsein erleben!

DIE RAUHNÄCHTE UND WAS IN DIESER ZEIT GESCHIEHT

Die zwölf Nächte, angefangen vom 24. auf den 25. Dezember bis zum 5. auf den 6. Januar, werden Rauhnächte genannt. In einigen Auslegungen beginnen sie bereits am 21. Dezember, am

Thomastag, an dem die Wintersonnenwende stattfindet. Welchen genauen Ursprung die Rauhnächte haben, ist nicht ganz einfach herauszufinden.

Es wird davon ausgegangen, dass die Rauhnächte auf den Mondkalender der Germanen zurückgehen, in dem ein Jahr mit zwölf Monaten ausgestattet ist. Die Tage, elf an der Zahl beziehungsweise die zwölf Nächte, die im heutigen Sonnenkalender fehlen, sind die Tage, an denen das alte Jahr zu Ende geht und das kommende Jahr beginnt. Sie werden auch als „Tage außerhalb der Zeit“ bezeichnet.

Unsere Vorfahren nutzten diese Tage für die Reinigung von Haus und Hof genutzt. Wohnbereiche und auch die Stallungen wurden mit speziellen Kräutern ausgeräuchert. Das alte Jahr mit allen Herausforderungen sollte damit weggefegt werden, damit sich neue Wünsche, Visionen und Ziele für das kommende Jahr manifestieren können.

Der alte Volksglauben besagt, dass genau in diesen 12 Tagen nur ein hauchdünner Schleier zum Reich der Geister vorhanden ist und die Naturgesetze außer Kraft gesetzt sind. Das ist auch der Grund dafür, warum die Menschen in diesen Tagen früher viel orakelt haben. Selbst heute wird dieser Brauch immer noch angewendet, wenn Sie zum Beispiel in der Silvesternacht Bleigießen.

Es gibt zahlreiche alte Legenden und Sagen zu den Rauhnächten. In einer wird davon erzählt, dass zu Silvester, also zur Mitte der Rauhnächte, die nordische Gottheit Wotan zu einer wilden Jagd mit seinem Gefolge aufbricht. Eine sehr alte Gestalt in Sagen ist „Percht“, die Wintergöttin. Sie tritt in den Rauhnächten in Erscheinung. Laut Erzählungen soll sie von den Bergen in Täler hinabsteigen, um nach dem Rechten zu schauen. Wie ein wilder Sturm braust Percht mit ihrem Heer durch das Land. In Österreich, in der Oberpfalz und Südtirol gibt es aufgrund des Glaubens sogenannte „Perchtenläufe“. Bei den Umzügen werden finster aussehende Tiermasken getragen und es wird viel Lärm gemacht.

In der Zeit der Rauhnächte befindet sich auch die Natur in einer Übergangszeit. Die Tage werden mit der Wintersonnenwende wieder länger. Das geschieht in dieser Zeit eher unbemerkt, weil sich die Natur noch im Winterschlaf befindet. Viele Bäume und Pflanzen haben sich von ihrem Blättern getrennt und damit alles, was das alte Jahr mitgebracht hat, abgeworfen. Doch im Inneren befinden sich besondere Kräfte, die sich noch zurückgezogen im dunklen Inneren der Pflanzen und Bäume und in den Wurzeln befinden. Sie warten nur darauf, dass die Sonne wieder an Kraft gewinnt und ein neuer Zyklus seinen Anfang nimmt.

Rauhnächte

„Zwölf an Nächten sitzen sie,
befragen des Orakels Part,
streiten und versöhnen sich,
vermischen Einst und Gegenwart.

Tiere reden von der Zukunft,
hör nicht hin, sonst stirbst du arm,
wandele auf Kreuzwegpfaden,
vergessen sind Verrat und Harm.

Wilde Jagden nach den Geistern
wird für sie zum Freudenfest,
Tote auferstehn vom Grabe,
Zauberer verwandeln sich.

Feg die Stube, räume auf,
faste, bete, geh ins Haus!
Dunkler Abend breitet sich
auf Menschen, Tier und Bäume aus.

Sonntagskinder können zaubern,
bringen Glück und helfen dir,
sind im Haus die kleinen Geister,
und der Eltern wahre Zier.

Zwölf an Nächten sitzen sie
warten auf die Sonnenwende.
Zeit verloren zwischen Jahren,
Winterauskehr in den Händen.“ **Chavali**

VON SEHR ALTEM WISSEN UND GENAUSO ALTEM BRAUCHTUM

In der heutigen Zeit, in der unsere Häuser und Wohnungen im Winter gut geheizt sind, der Kühlschrank voll mit leckeren Speisen ist und wir in eine heiße Badewanne steigen können, wenn uns kalt ist, haben wir kaum noch eine Vorstellung von den „rauen" Nächten, ganz gleich womit diese in Verbindung gebracht werden.

Es ist angenehm warm, Weihnachten steht vor der Tür und wir begehen diese besondere Zeit mit Köstlichkeiten, die wir in vollen Zügen genießen. Wenn Sie nach draußen schauen oder einen Spaziergang machen, bekommen Sie in der heutigen Zeit einen Ahnung davon, weshalb diese als „rau" bezeichnet werden. Es herrscht tiefe Dunkelheit, die Temperaturen sind eisig, der Wind wirbelt Schneeflocken auf und es ist draußen besonders ungemütlich.

In früherer Zeit haben die Menschen nicht in gemauerten Häuser mit Zentralheizung gelebt. Sie wohnten in einfachen Holzhütten am Waldrand oder zusammen mit anderen in kleinen Siedlungen mit Holzhütten oder in Zelten. Der Sturm in den Winternächten heulte und ließ das Gebälk ächzen. Es gab nur wenig Schutz vor den Naturgewalten, die mit schaurigem Getöse über das Land hinwegfegten.

Ihre Hoffnung war groß, dass die wenigen Vorräte über diese Zeit reichen, die sie auf einer offenen Feuerstelle zubereiteten. Licht gab es nur durch den Feuerschein. Damit versuchten sie, dem eisigen Winter zu trotzen und warteten sehnsüchtig auf den kommenden Frühling.

Das waren aber nicht die einzigen Unwegsamkeiten, denen die Menschen ausgesetzt waren. Es gab auch Heere und räuberische Banden, die ihr Unwesen trieben. Sie plünderten, legten Feuer und zogen mordend durch das Land. Die Winterzeit war für die Menschen eine extrem harte und raue Zeit, weil sie ihre Häuser kaum verlassen konnten.

Das führte dazu, dass vielzählige Rituale und Bräuche entwickelt wurden. Diese dienten dazu, diese harte Zeit ohne Schaden zu überstehen. Es wurden Geister angerufen, um diese gütlich zu stimmen und ihren Segen zu erhalten. Ihnen mag vielleicht der Gedanke kommen, dass die Fantasie den Menschen einen Streich gespielt hat und diese bösen Geister und gruseligen Gestalten hervorgebracht hat.

Wenn Sie aber selbst in solchen Nächten einmal Ihr warmes Zuhause verlassen und sich in die Natur begeben werden Sie schnell feststellen, wie unangenehm und unheimlich diese Nächte sind. Trotz Ihrem Wissen wird Ihnen klar, dass sich Schutz und Sicherheit in gewisser Weise in Unsicherheit verwandelt hat, weil Ihnen die richtige Einschätzung der Situation nicht möglich ist. Das Land ist mit einer unheimlichen Stimmung überzogen, die Sie an jeder Ecke zu spüren bekommen. Oder handelt es sich dabei doch um Mystik, besondere Magie und eine heilige Stille?

WINTERSTÜRME IN DEN RAUHNÄCHTEN

Wenn Winterstürme in den Rauhnächten über das Land ziehen, gibt es keine Stille mehr, denn dann hat die wilde Jagd begonnen, die von Wotan angeführt wird. Während der Rauhnächte ist er mit seinem Gefolge auf der Erde unterwegs, um verlorene Seelen einzufangen, wie Sie in vielen Erzählungen und Aufzeichnungen lesen können. Dort heißt es aber auch, dass die Menschen geprüft, bestraft und gerichtet werden. Durch die räuberischen Horden, die durch das Land zogen und sich den Siedlungen mit lautem Getöse näherten, wurde die Fantasie der Menschen befeuert und sie wurden in Angst und Schrecken versetzt. Es war einerlei, ob irdische, räuberische Horden ihr Unwesen trieben oder überirdische Wesen ihre Macht zeigten.

Kamen die Wesen aus der Anderswelt, waren sie nicht unbedingt gefürchtet, weil sie ja ein Teil der natürlichen Ordnung waren. Durch die wilde Jagd Wotans wurde die Fruchtbarkeit der Äcker erneuert. Für die neue Ernte im kommenden Jahr war es ein gutes Zeichen, wenn Wotan mit seinem Gefolge über die Felder zog.

Ein Brauch in den Rauhnächten war, dass sich Männer als Perchten verkleideten. Um die Erde aufzuwecken, zogen sie auf die Felder, wobei sie stampften, sprangen und tanzten. So hoch wie gesprungen wurde, sollte im darauffolgenden Jahr das Getreide wachsen.

Es gibt vielzählige Schilderungen, in denen die wilde Jagd beschrieben wird. So ist zu lesen, dass der Sturm mit tief hängenden Wolken und lautem Tosen über das Land rast. Sie wird aber auch detailliert mit Reitern, die in Hörner blasen, knallenden Peitschen und wiehernden Pferden beschrieben. Menschen haben gerade im Dämmerlicht der Rauhnächte unheimliche Wesen in ihrem Haus gesehen, die jammern und betteln. Um sie wieder loszuwerden, sollte man nicht ängstlich sein, ihnen sagen, dass sie wieder gehen sollen und ihnen einige Kupfermünzen mitgeben. So heißt es zumindest in den Erzählungen.

RAUHNÄCHTE UND WINTERSONNENWENDE

In der Zeit der Rauhnächte gibt es ein besonderes Naturereignis, dass sich immer und in alle Ewigkeit wiederholt, die Wintersonnenwende. Eingeleitet wird diese am 21. Dezember. Im Jahreskreis sind weitere Rauhnächte zu finden, die allerdings nicht in der Zeit liegen, wenn das alte in das neue Jahr übergeht.

Der 21. Dezember, als Wintersonnenwende oder Julnacht bezeichnet, ist die dunkelste und längste Nacht des Jahres, weil die Sonne dann ihren tiefsten Stand erreicht. Es ist die Wiedergeburt des Lichtes, da ab diesem Zeitpunkt der Bogen und damit auch das Licht der Sonne wieder stetig zunimmt.

Die darauffolgenden Tage haben ihre ganz eigene Bedeutung. Der 22. Dezember steht für Einheit und Stillstand, der 23. Dezember für Dualität und Fruchtbarkeit, während der 24. Dezember als endgültige Wende gilt. Erst nach der Vollendung von drei Intervallen kommt es zu einer Veränderung der Erdachse und die Sonne nimmt wieder an Kraft und Intensität zu.

Die Wintersonnenwende, auch als Julfest oder Mittwinter bezeichnet, ist die Zeit der Stille, um Einkehr zu halten und Segen sowie Weihung für die Dinge zu bekommen, die sich Ihnen im neuen Jahr offenbart werden. Das Fest der Erde und der Sonne ist die Zeit, in der es um Reinigung und Vorbereitung geht. Sie können dann eine Vorschau darauf erhalten, was das neue Jahr Ihnen bringen wird.

DIE BEDEUTUNG DER WINTERSONNENWENDE IN DER GESCHICHTE

In früheren Zeiten wurde die Wintersonnenwende als Mutternacht bezeichnet. Damals war die Vorstellung vorhanden, dass durch das Licht, das im Schoß von Mutter Erde oder der großen Göttin geschaffen wird, Neues entsteht.

Schauen Sie einmal in der „Edda“ aus dem 12. und 13. Jahrhundert nach, einer Sammlung von nordischen Dichtungen. Dort steht mit anderen Worten ausgedrückt, dass von einer Tochter die strahlende Göttin zur Welt gebracht wird, bevor sie von einem Wolf getötet wird. Wahrscheinlich wurde aus diesem Grund damals die Zeit um Weihnachten als „Wolfsmond“ bezeichnet. Dieses ist wohl als Metapher zu sehen. Die Sonne, die als Symbol für neues Licht steht, kann von vergangenen Ereignissen schnell überschattet werden.

Ist die Geburt des Lichtes vollbracht, starten die zwölf Tage und Nächte, in denen Odin gemäß „Edda“ auf seine wilde Jagd geht. Obwohl das Licht bereits wiedergeboren wurde, steht Ihnen noch die härteste, kälteste Zeit des Winters bevor.

Das Julfest beziehungsweise die Wintersonnenwende soll Sie darauf aufmerksam machen, dass die Dunkelheit, die noch vor Ihnen liegt, die Schlacht bereits verloren hat. Jetzt können Sie Kraft, Mut und Hoffnung schöpfen, dass Sie mit Zuversicht die noch vor Ihnen liegende Zeit gut meistern.

Früher wurden die Rauhnächte dafür genutzt, um Geschichten und Weisheiten aus alten Zeiten weiterzugeben. Es wurde gefeiert, in sich hinein gehorcht, innere Einkehr gehalten und für das bevorstehende neue Jahr geplant.

Germanische Wintersonnenwende von Ingo Baumgartner

„Dem Weizen gleich an Farbe wallt das Haar,
liebkost die breiten Schultern und den Nacken.
Die Augen ziert ein blaues Ringepaar,
den Fuß erwärmt ein Fell in Riemenpacken.

Der Jüngling stellt zum großen Tag sich ein.
Zur Sonnenwend soll niemand Hungers sein.
Ein Ger sticht heute Elen, Ochs und Schwein.
Es gilt zur Tafel das Getier zu jagen.

Der Winternächte Dunkel kürzt sich bald,
so soll der Honigwein in Strömen fließen,
dem Stapel Holz aus tief verschneitem Wald
wird Flamme auf Flamme heiß entsprießen.

Mit Tanz und Spiel erkauft man Donars Gunst,
auch Frayja dankt man hier zum Lichterfest.
Zum Abend hin versiegt die Feuersbrunst
Und Wotans Raben streiten um die Reste.“

Im Christentum hingegen wird die Wintersonnenwende als Thomastag bezeichnet. Thomas war der Ungläubige unter den zwölf Aposteln, die sich um Jesus scharten, dementsprechend soll der Thomastag an ihn erinnern. Dieser Tag beginnt in einigen Regionen mit einem Glockengeläut, das über zwölf Tage andauert. So sollen böse Geister und Dämonen verscheucht werden, damit sie kein Unheil anrichten können.

In früheren Zeiten galt der Thomastag als der Tag, an dem die Amtszeit von Räten und Richtern von einem Jahr begann oder endete. In dieser Nacht wurden viele Bräuche praktiziert, weil davon ausgegangen wurde, dass man in dieser Nacht in die Zukunft sehen und das Schicksal neu konstruieren und gestalten kann. Die meisten Bräuche sind alte Rituale, die zum Julfest praktiziert wurden.

Auch für die Druiden hatte der 21. Dezember eine besondere Bedeutung. Über drei bis vier Tage wurde „Alban Arthun“ beziehungsweise „das Licht des Arthurs“ gefeiert. Es ist ein Fest der rituellen Trauer, mit dem der scheinbare Tot des Lichtes ausgedrückt werden sollte und die Wiedergeburt gefeiert wird. Diese Zeit nutzen die Druiden, um in die Zukunft zu schauen, die das neue Jahr mit sich bringt. In diesen Nächten wurden heilige Zeremonien, Weihen sowie die Reinigung von rituellen Gegenständen und andere Dingen durchgeführt.

DAS CHRISTENTUM UND DIE RAUHNÄCHTE

Bereits in der frühen Geschichte des Christentums wurde der 24. Dezember als Geburtstag von Jesus festgelegt. Jesus als Gottessohn steht für Hoffnung, Erlösung, Sieg, Wiederkehr und Neuanfang. Die Sonne erreicht im Verlauf des Jahres in der Nacht vom 24.Dezember auf den 25. Dezember ihren tiefsten Stand. Am Himmel zeigt sich das Sternbild der Jungfrau, die mit ihren Füßen den Horizont zu berühren scheint. Durch dieses unglaubliche Naturschauspiel wissen wir, dass die Sonne wieder höher steigt und die Welt zu neuem Leben erwacht.

Gemäß der Überlieferung wurde Jesus in einem Stall geboren und die Sonne aus dem Schoß von Mutter Erde. Maria, die Muttergottes, ist im

Christentum das Sinnbild für das weibliche Prinzip, während Josef für das männliche Prinzip steht. Die Hirten werden als Sinnbild für ein offenes Herz und die Engel als Quelle des Lichtes gesehen. Die heiligen drei Könige, die dem Stern von Bethlehem folgten und am 6. Januar Jesus huldigten, stehen für Erkenntnis und sind das Symbol für den Aufbruch, um voller Freude in eine neue Zeit zu starten.

Sie haben dem neugeborenen Christuskind als Geschenke Weihrauch, Myrrhe und Gold mitgebracht. Diese sind Symbole für die Stadien, die Jesus in seinem irdischen Leben durchlaufen hat. Den Wolf, der die Sonne verschlingt, können Sie als König Herodes im Evangelium wiederfinden. Dieser befahl bei der Geburt Jesu die Ermordung aller Säuglinge und Kleinkinder im Land.

Wie Sie sehen, haben die Wintersonnenwende und die Rauhnächte in vielen alten Kulturen, Religionen und moderneren Glaubensrichtungen eine wichtige Bedeutung, auch wenn sie auf unterschiedliche Weise interpretiert werden.

Um die Rahnächte in ihren zahlreichen Facetten zu erleben, müssen Sie keiner bestimmten Religion oder Glaubensrichtung angehören. Wichtig ist, dass Sie sich für die Magie und Mystik dieser besonderen Zeitspanne öffnen und für sich selbst in allen Bereichen Klarheit schaffen. Das gelingt Ihnen mit innerer Einkehr, Reflektion und neuen Erkenntnissen.

DIE RAUHNÄCHTE UND PHÄNOMENE DER NATUR

Schauen Sie sich ein Mondjahr an, werden Sie feststellen, dass dieses aus 354 Tagen besteht und es zwölf Mondzyklen gibt, die etwa 28 Tage dauern. Im Gegensatz zum Sonnenkalender mit seinen 365 Tagen fehlen genau 12 Tage beziehungsweise Nächte und genau diese werden als Rauhnächte bezeichnet. Sie gelten als besonders magisch und mystisch, weil Sie in dieser Zeit ihr Schicksal neu aushandeln können. Es ist eine Zeit, in der Sie die Zukunft vorhersagen und diese mit Beschwörungen in die richtige Richtung lenken können.

Die Rauhnächte haben in vielen Regionen ihren Anfang in der Nacht vom Heiligabend auf den 1. Weihnachtstag und haben ihr Ende in der Nacht zum 6. Dezember, dem Dreikönigstag. In der Zeit der Rauhnächte zeigen sich Ihnen besondere Naturereignisse und Phänomene, wie zum Beispiel die Wintersonnenwende. In einem immer kleiner werdenden Radius wandert die Sonne dabei am Himmel, bis sie ihren tiefsten Stand am 21. Dezember, dem Thomastag erreicht hat. Dieser Tag ist der kürzeste und dunkelste im ganzen Jahr.

Die Sonne befindet sich scheinbar am Nullpunkt und während dieser „Wendezeit" wird alles Schlafende zu neuem Leben erweckt, weil das Licht der Sonne tief in die Finsternis eindringt. Es dauert nun nicht mehr allzu lang, bis unsere Erde sich wieder regt und zu neuem Leben erwacht.

Durch den extremen Tiefstand erscheint uns das Sonnenlicht, als ob es mit einem zarten, goldglänzenden Schimmer überzogen ist, der sich in aparten Farbnuancen zeigt.

Gehören Sie zu den feinfühlenden Menschen, spüren Sie ganz besonders die Aktivitäten, die auf geistiger Ebene vor sich gehen. Das liegt sicherlich auch daran, weil die Natur scheinbar noch in ihrem Winterschlaf verharrt. Genau das ist die Zeit, in der sich das neue Jahr mit seinen besonderen Qualitäten zu zeigen beginnt.

Genau dieser Zeit wird nachgesagt, dass Sie dann das sich verbindende Netz aus Molekülen beobachten können. Außerdem sollen Sie in den Rauhnächten angeblich hören, dass Tiere in menschlicher Sprache reden. Auch wenn es sich um eine stille und ruhige Zeit handelt, ist in anderen Gefilden eine ganze Menge los und viel in Bewegung.

NATUREREIGNISSE IN DER TIERWELT

Auch in der Tierwelt passiert in der Zeit der Rauhnächte einiges, gerade bei Rehen, Hirschen und Elchen, die in unserer Vorstellung den Schlitten des Weihnachtsmanns ziehen, damit die Geschenke und Belohnungen Sie auch erreichen. Diese Tiere erwecken in Ihnen Freude, Liebe, Neugier und Zuversicht, mit denen Sie in das neue Jahr starten können.

Haben Sie gewusst, dass Rehe, die wir im Wald beobachten können, das Geheimnis der Rauchächte hüten? Ihre Brunftzeit ist im August und sie tragen die befruchtete Eizelle, die zu neuem Leben wird, bis Weihnachten im Eileiter. Danach beginnt sich daraus neues Leben zu entwickeln.

EINZIGARTIGE PHÄNOMENE IN DER PFLANZENWELT

Die Ruhezeit von Pflanzen und Samen endet in den Rauhnächte, gerade in der Zeit um die Silvesternacht. Das ist sogar von der Wissenschaft nachgewiesen. Tief unter der Erde regen sich die ersten Samen, erwachen zum Leben und beginnen zu keimen, um im Frühling durch die Erdoberfläche zu stoßen und der Sonne entgegenzuwachsen. Pflanzensäfte steigen zwar noch ein wenig verhalten, aber mit genug Energie wieder empor und sorgen für neues Leben. Gut beobachten können Sie das bei Bäumen.

Auch in zugefrorenen Seen unter der dicken Eisschicht regen sich die Algen und warten darauf, dass sie wieder zu vollem Leben erwachen dürfen. Die vier Elemente, also Erde, Wasser, Luft und Feuer, die für das neue Jahr eine ungeahnte Bedeutung haben, zeigen sich in weniger starken oder in stärkerer Ausprägung. Darum ist diese Zeit besonders gut für die Durchführung eines Wetterorakels geeignet.

DIE UNTERSCHIEDLICHEN BEZEICHNUNGEN DER ZWÖLF MYSTISCHEN NÄCHTE

Die Rauhnächte werden auch Glöckelnächte, Wolfsnächte oder Weihnächte genannt. Diese Namen haben nicht nur einen unterschiedlichen Ursprung, sondern auch verschiedene

Bedeutungen. Sie umschreiben neben der Qualität auch die verschiedenen Facetten der einzelnen Nächte. Immer wieder gibt es Diskussionen über die Namensherkunft. Doch ganz gleich, welcher Name Verwendung findet, der Grundgedanke ist letztendlich immer der gleiche.

Es gibt auch Volksweisheiten zu den Rauhnächten sowie wissenschaftliche Untersuchungen. Doch ohne diese zu hinterfragen, wurden sie einfach weitergegeben, von einer Generation zu anderen. Ich möchte mit Ihnen zusammen einmal schauen, was der Volksmund über die Rauhnächte zu berichten hat. Diese Erkenntnisse sind zwar nicht wissenschaftlich belegt, aber durchaus interessant.

RAUHNÄCHTE – WOHER STAMMT DIE BEZEICHNUNG?

Die Rauhnächte, die in der Zeit um den Jahreswechsel liegen und auch als Übergangszeit oder Niemandszeit bezeichnet werden, sind vollgeladen mit Mystik und Magie. In dieser Zeit erwacht die „geistige Welt" zum Leben und ist besonders aktiv. Es kommt zum Aufbruch alter Strukturen. Das ist wichtig, damit sich neue Strukturen bilden können.

Es scheint wohl so, dass die Bezeichnung „Rauhnächte" auf das Wort „ruch" (haarig) aus dem Mitteldeutschen zurückgeht. Es wird damit ein Bezug zum Fell der Tiere hergestellt. Um das Vieh zu schützen, wurden in diesen Nächten an vielen Orten bestimmte Zeremonien und Rituale praktiziert. Damit sollte Haus und Hof geschützt werden. Gleichzeitig gab es Umzüge, bei denen Masken und auch Tierfelle Verwendung fanden, um böse Geister zu vertreiben.

Es ist ein Zeitabschnitt im Jahr, in dem es durch die geistige Welt zur Wiederherstellung des Gleichgewichts kommt. Die Triebfedern, die im Verborgenen liegen, sind ganz offensichtlich zu erkennen. Das Ungerechte kommt ans Tageslicht und schmachtet nach Ausgleich. Diese spezielle Übergangszeit ist zudem den mystischen Wesen geweiht, die aus der Metamorphose von Mensch und Tier hervorgegangen sind.

Darum gibt es heute noch Menschen, gerade in den Alpenregionen, die Tierfelle tragen und durch die Ortschaften ziehen. Sie wollen damit die anderen Menschen vor Ungerechtigkeit warnen, ihr Pflichtgefühl prüfen und Gerechtigkeit walten lassen. Der Wahrheit wird dabei in die Augen geblickt. In dieser Zeit können Sie am besten einen Blick hinter Ihren Schatten werfen und diesen wandeln.

Gemäß dem Volksglauben steht in diesen zwölf Rauhnächten das Reich der Geister offen und die Seelen der Verstorbenen können daraus hervortreten, um Ausgleich, Gerechtigkeit und Erlösung einzufordern. Unsere Vorfahren haben sich gerne an ihre geliebten, lichterfüllten Vorfahren gewandt, um Rat, Hinweise und Segenswünsche zu erhalten.

Daher wird die Bezeichnung Rauhnächte wohl auch auf das Wort „raunen" zurückgeführt, denn es ist eine gute Zeit, um das Raunen der Seelen aus der geistigen Welt zu hören, die Geister zu beschwören, böse Geister auszutreiben und gleichzeitig Ahnenarbeit durchzuführen. Zahlreiche Techniken beim Orakeln und Wahrsagen basieren auf den Geistern, die mit leiser, geheimnisvoller und gedämpfter Stimme zu Ihnen sprechen.

ABLEITUNG DER BEZEICHNUNG RAUHNÄCHTE IM VOLKSMUND

Das gemeine Volk bezeichnet die Rauhnächte auch als „Rauchnächte", weil in dieser Zeit oftmals Nebel die Erde einhüllt, Stürme und kalte Winde um Haus und Hof fegen und rauchende, offene Feuer dazu genutzt wurden, um es ein wenig warm zu haben. Üblich war in dieser Zeit, bestimmtes Räucherwerk zu nutzen, um Dämonen und Krankheiten von Haus und Hof fernzuhalten oder zu beseitigen.

Verwendet wurden dafür heimische Kräuter, zum Beispiel Salbei sowie der Harz von Fichten und die Rinde von Holunder. Später kam auch Weihrauch zum Einsatz. Üblich war in dieser Zeit auch die Reinigung von Haus und Hof. Das sollte dazu dienen, alles für das neue Jahr und Licht vorzubereiten.

ÜBERLIEFERTES BRAUCHTUM WÄHREND DER RAUHNÄCHTE

Gerade in den Rauhnächten gibt es Bräuche, die eng mit dem Glauben der Menschen verbunden sind, dass dunkle Mächte, Dämonen und Geister ihr Unwesen treiben. Die Bräuche, Rituale und Zeremonien aus längst vergangenen Zeiten sind auch heute mitunter noch Gegenstand im Leben von vielen Menschen. Worum es sich dabei handelt und was dahinter steckt, zeige ich Ihnen nun.

IN DEN RAUHNÄCHTEN KEINE WÄSCHE WASCHEN

In der Zeit der Rauhnächte wurde früher die Wäsche nicht gewaschen und zum Trocknen aufgehängt. Das beruht auf dem Bild, dass sich unsere Vorfahren zu der „wilden Jagd" gemacht haben. Die germanische Mythologie besagt, dass in dieser Zeit ein Reiterheer unterwegs ist, angeführt von Wotan beziehungsweise Odin oder Frau Holle, die ursprünglich eine nordische Göttin ist. Jeder, der sich draußen aufhält und die wilde Jagd mit eigenen Augen sieht, wird davon mitgerissen. So besagt es die Sage.

In einer anderen Sage steht geschrieben, dass aus jedem Wäschestück, das Frau Holle in die Finger bekommt, ein Leichentuch wird und eine Person aus dem direkten Umfeld sterben wird.

Die Menschen haben sich nicht nur wegen der Kälte, sondern auch wegen den anscheinenden Gefahren in den Schutz ihrer Höfe und Häuser zurückgezogen. Viele der alltäglichen Arbeiten, für die das Haus verlassen werden musste, wurden nicht mehr durchgeführt, wozu auch das Wäschewaschen und draußen Aufhängen gehörte.

WÄHREND DER RAUHNÄCHTE FÜR SAUBERKEIT UND ORDNUNG SORGEN

Die Menschen haben früher geglaubt, dass sich die Dämonen, dunklen Mächte und Geister der Rauhnächte besonders dort wohlfühlen, wo Unordnung und Chaos herrscht. Deshalb war es wichtig, in dieser Zeit nicht nur den Außenbereich, sondern auch im Inneren der Gebäude eine aufgeräumte Ordnung zu schaffen. Es wurde alles so gut wie möglich beseitigt, um den dunklen Mächten keinen Raum zu bieten, um sich einnisten zu können.

RÄUCHERRITUALE WÄHREND DER RAUHNÄCHTE

In den Rauhnächten ist Räuchern ein weiterer Brauch, der früher wie heute durchgeführt wird. Der Ursprung ist darin zu finden, dass die Menschen große Angst vor Dämonen und bösen Geistern hatten, die insbesondere die Rauhnächte dafür nutzen, um Chaos und Unfrieden zu stiften.

Zum Räuchern kamen ausgewählte, heimische Harze und Kräuter zum Einsatz. Kiefernharz, Tannenharz, Myrrhe, Beifuß, Wacholder und Weihrauch sollten nicht nur die Wohngebäude, sondern auch die darin lebenden Menschen und Tier vor Unheil schützen.

Die Durchführung des Räucherrituals gestaltete sich einfach. Das Familienoberhaupt beziehungsweise der Vater trug, gefolgt von dem Rest der Familie, die Räucherschale mit den ausgewählten Kräutern oder Harzen durch das ganze Haus. Es wurde gebetet und dabei Kräuter in der Hand gehalten. Die kleine Prozession ist so von Zimmer zu Zimmer und mitunter sogar bis zur Grenze des Grundstücks gewandert.

Die Kräuter, die in den Rauhnächten zum Räuchern verwendet werden, wurden über das ganze Jahr gesammelt. Geweiht wurden sie an Maria Himmelfahrt in der Kirche. Während diese Praxis vor etwa hundert Jahren noch allgemein üblich war, werden heute zum Räuchern in den Rauhnächten überwiegend Räuchermännchen und Räucherhäuschen eingesetzt.

WAHRSAGEN IN DEN RAUHNÄCHTEN

Besonders gut geeignet sind die Rauhnächte zum Wahrsagen und Orakeln. Ein aus den 19.Jahrhundert stammender Brauch besagt, dass Sie sich um Mitternacht an einen magischen Ort oder an eine Wegkreuzung begeben sollten, wenn Sie nicht verheiratet sind. Dort werden sie auf Ihren zukünftigen Lebenspartner treffen und können diesen dort sehen. Er tritt in Erscheinung und geht an Ihnen vorbei. Sie dürfen ihn aber weder ansprechen noch nach ihm umdrehen. Ansonsten bedeutet das Ihren Tod.

Es gibt zum Teil auch eigenartige Orakel, wie ein Gänsemagen, der bevorzugt während der Rauhnächte befragt wurde. Dessen Voraussagen sollten darüber Auskunft geben, wie es um die Fruchtbarkeit und Ernte im neuen Jahr bestellt ist.

In unserer heutigen Zeit hat sich zum Orakeln das Bleigießen etabliert.

ZUKUNFTSVORAUSSAGEN VON SPRECHENDEN TIEREN

Während der Tierweihnacht, auch „Lüttenweihnacht" genannt, die in der Nacht vom 27. auf den 28. Dezember ist, sollen Tiere der menschlichen Sprache mächtig sein und Zukunftsvorhersagen ausplaudern können. Diejenigen, die hören, wie die Tiere in menschlicher Sprache reden, werden anschließend direkt sterben und die Vorhersagen nicht nutzen können. Das besagt der Volksmund.

DER PERCHTENLAUF IN DEN ALPENREGIONEN

In zahlreichen Regionen in den Alpen werden Umzüge abgehalten, die als Perchtenläufe bezeichnet werden. Sie finden in der letzten Rauhnacht, also vom 5. Januar auf den 6. Januar statt. Dieser Brauch entstammt aus dem Volkglauben der vorchristlichen Zeit.

Die Menschen haben geglaubt, dass in dieser mystischen Zeit die Pforten zur geistigen Welt weit offen stehen. Geister und Dämonen steigen auf die irdische Welt herab, um Unheil anzurichten. Gemäß der Sage tritt in der Perchtnacht Frau Percht mit Ihrem Gefolge in Erscheinung. Mit Trommeln, Lärmen und Glocken soll das Böse vertrieben und das vergangene Jahr ausgekehrt werden. In einigen Regionen wird die mythische Percht auch als Frau Holle bezeichnet.

Bei heutigen Perchtläufen finden sich Menschen zusammen, die sich Pelze umhängen und gruselige Masken aufsetzen. Während sie durch die Dörfer und Gemeinden ziehen, tragen sie Glockenspiele oder Kuhglocken mit sich. Der Lärm soll böse Geister, Dämonen und dunkle Mächte vertreiben.

Die Zuschauer werden zum Teil mit einer Rute leicht geschlagen. Das gilt nicht als Bestrafung. Vielmehr soll dieses Ritual Krankheiten austreiben sowie Fruchtbarkeit und Glück bringen. Selbst heute gibt es noch dieses Brauchtum, nur in anderer Form, nämlich als tosendes Feuerwerk, das an Silvester den Himmel mit prachtvollen Farben erfüllt, um das neue Jahr zu begrüßen.

DER PERCHTENBRAUCH UND SEINE CHARAKTERE

Im Allgemeinen werden zwei Gruppen von den Perchten verkörpert. Es gibt die schönen und guten Perchten, auch Schönperchten genannt, und die bösen, schlimmen und hässlichen Perchten, die sogenannten Schiechperchten. Die Glocke ist ein wichtiges Zubehör der Perchten. Laut der populären Auslegung sollen damit der Winter beziehungsweise die bösen Geister, die im Winter ihr Unwesen treiben, ausgetrieben werden.

In den Rauhnächten, die zwischen Weihnachten und Neujahr liegen, treten die Perchten auf. Sie überwachen die Vorschriften, die für diese Tage gelten, in Bezug auf Arbeit, Ernährung und Sauberkeit. Die Schönperchten treten am Tag in Erscheinung, um den Bewohnern der Dörfer Glück und Segen zu wünschen. Nachts hingegen sind in großer Zahl die Schiechperchten mit einem großen Gefolge unterwegs.

Am sogenannten Glöckeltag, am 5. Januar haben die Rauhnächte ihr Ende. Auf einem zentralen Feld mit einer meist tiefen Schneedecke wird an diesem Tag ab etwa 17 Uhr in manchen Regionen, zum Beispiel in der Gemeinde Altaussee, die im österreichischen Salzkammergut liegt, ein symbolischer Kampf ausgetragen. Dabei stehen sich die guten Schönperchten mit ihren laut läutenden Glocken und die bösen Schiechperchten gegenüber.

Mit Glockengeläut versuchen die guten Schönperchten den Winter auszuläuten. Sie stehen für den herannahenden Frühling. Da sich die bösen Schiechperchten mit allen Kräften dagegen wehren, kommt es zu einem wilden Kampf. Der Spuk ist mit der letzten Rauhnacht um Mitternacht beendet.

Es gibt typische beziehungsweise traditionelle Perchten-Charaktere, die bei Perchtläufen eine zentrale Bedeutung haben. Die zentrale Figur bei den Perchtläufen ist Frau Percht. Sie symbolisiert die Dualität im Leben, wie Gut und Schlecht, Leben und Tod, Tag und Nacht. Sie ist mit zwei Gesichtern ausgestattet. Je nach Region zeigt das vordere Gesicht die Sonne und das hintere den Teufel, es kann aber auch umgekehrt sein. Frau Percht wird häufig als die Göttin Freya der Germanen und als die Göttin Frigg der Wikinger gesehen. Einige Regionen bezeichnen sie auch als Frau Holle.

Ein Teil der Dualität von Gut und Böse gehört dem Teufel. Bei den Perchtläufen treibt er die Mädchen zu den Schönperchten. Diese wiederum sind der Ausdruck für Licht, Leben und Ordnung. Ihre Begleiter sind häufig Musiker, die fast genauso laut sind, wie die Schönperchten selbst. Sie spielen auf Blasinstrumenten, Trommeln und verwenden Glocken, um böse Geister und den Winter zu vertreiben.

Auch Tänzer sind bei einem Perchtenlauf zu finden. Mit ausgelassenen Tänzen versuchen sie den Winter zu vertreiben und Gutes zu manifestieren. Oftmals bilden sie um Frau Percht einen Kreis. Um die Zuschauer zu ärgern und ihnen einen Schrecken einzujagen gibt es noch die Schlenzer. Sie entwenden Gegenstände und versuchen Geld zu sammeln.

Die Perchten von Alois Mayer

„Ketten rasseln, Glocken schellen,
als würden Höllenhunde bellen.
Furchteinflößend die Gesichter,
schrille Schreie, grelle Lichter.

Am Körper zottiges Gewölle,
es scheint sie kommen aus der Hölle.
Manche Hufe an den Füssen,
Geist und Dämon lassen grüssen.

Menschen rings umher, sie schaudern,
alle still, man hört kein Plaudern.
Denn bei so grausigen Gesellen,
wird der Puls nach oben schnellen.

Einer springt jetzt noch vom Wagen
Wie ein Tier aus dunklen Tagen.
In seinen Augen spiegelt Feuer,
was hat es vor, das Ungeheuer.

Während sie durch Gassen hetzen,
wollen keinen sie verletzen,
trotz Feuerzauber Lärm und Rauch,
ist es nur - ein alter Brauch.

Nun, was wollen sie bezwecken,
bei ihrem Tun, mit Angst und Schrecken.
Sie treiben nur den Winter aus.
Der Spuk vorbei, man geht nach Haus.

DIE RAUHNÄCHTE UND DIE 3 BETHEN

In Verbindung mit den Rauhnächten begegnen Sie auch immer wieder den sogenannte 3 Bethen. Sie tragen die Namen Wilbeth, Ambeth und Borbeth. In der Alpenregion wurden sie vor etwa 1000 Jahren in Katharina, Margarethe und Barbara umbenannt. Ungefähr im 9. Jahrhundert, zur Zeit der Christianisierung, wurde aus der weiblichen Dreifaltigkeit Kaspar, Melchior und Baltasar. Diese drei sind Ihnen garantiert als die heiligen drei Könige bekannt. Wenn am 6. Januar die Sternsinger wieder von Haus zu Haus ziehen, schreiben sie Ihnen den Haussegen über die Türe. Spannend ist das Wissen darum, dass diese drei Buchstaben C+M+B nicht nur die Initialen der heiligen drei Könige sind, sondern auch „Christ Mansionem Benedictat“ („Christ schützt dieses Haus“) bedeutet.

In der Zeit, in der sich die christliche Kirche auszubreiten begann, kam es zur Umwandlung der drei verehrten Frauen, die auch als Schicksalsgöttinnen bezeichnet wurden. Die weibliche Dreifaltigkeit mit den Namen Willbeth, Ambeth und Borbeth aus alpenländisch-keltischen Raum, waren beim römischen Volk die Parzen, bei den Germanen die Nornen und die Moiren bei den Griechen. Diese drei Schicksalsgöttinnen hatten unterschiedliche Aufgaben.

Durch die erste Umwandlung der Namen wurde aus den 3 Bethen im Christentum die Heilige Fides, die Heilige Caritas und die Heilige Spes. Bekannt sind sie als „Glaube, Liebe, Hoffnung“. Später bekamen Sie die Namen Katharina, Margarethe und Barbara, bevor eine Umdeutung in die männliche Form erfolgte, in die heiligen drei Könige.

Die Verbindung zu den Rauhnächten ergibt sich daraus, weil die 3 Bethen auch mit den drei Perchten gleichgesetzt werden, die in den Rauhnächten am 5. und 6. Januar unterwegs sind. Die Perchtenläufe, die in dieser Zeit stattfinden, werden auch als Bethen-Umzüge bezeichnet. Danach beginnt das neue Jahr und die Rauhnächte sind vorbei.

BEDEUTUNG DER 3 URGÖTTINNEN DER KELTEN

Die Erdmutter, Sonnenmutter und Mondmutter, die als Urgöttinnen gelten, wurden von den Kelten angerufen, um eine gute Ernte einzufahren und um mehr Fruchtbarkeit, Hilfe und Unterstützung bei Krankheit, Geburt und Tod zu erhalten. Der Glaube an die 3 Urgöttinnen war damals so tief verwurzelt, dass dieser sich nicht so einfach auslöschen ließ. Darum erfolgte eine dem modernen, neuen Glauben entsprechende Umwandlung.

Glücklicherweise sind bis heute die 3 Urgöttinnen in der dreifaltigen Göttin erhalten geblieben. Sie zeigen sich als Jungfrau, ganz in weiß, in Rot als Mutter und Fruchtbarkeit und als weise Frau in schwarz, was für Reife, Ernte und Lebensende steht. Obwohl sich die Namen über die Jahrtausende geändert haben, geht es immer noch um den stetigen Kreislauf Geburt, Leben, Tod und Wiedergeburt.

Die 3 Bethen behüten nach alten Überlieferungen die nach ihnen benannten Heilquellen. Diese liegen im Mühltal bei Leutstetten im Umland von München. Dort gibt es auch einen Ort mit dem Namen Einbet, der auch davon zeugt. Da die 3 Bethen als heilkundige Frauen galten, wurden an diesem Ort Gaben niedergelegt, Zwiesprache mit den 3 Bethen gehalten und Bitten ausgesprochen. Als „salige Frauen" sind sie auch bekannt, was aus dem Keltischen stammt, wobei „salig" sich mit „Heil bringend" übersetzen lässt.

Die 3 Bethen kamen am 6. Januar, der heute als Dreikönigstag bekannt ist. Um ihre Anwesenheit zu zeigen, wurden die Zeichen K x M x B an die Türen gemalt. Heute verwenden die Sternsinger, die in christlichen Gemeinden von Haus zu Haus ziehen, die gleichen Zeichen, die aber für „Kaspar + Melchior + Balthasar" stehen.

Die drei Könige, die sich auf den Weg nach Bethlehem zu Jesus gemacht haben, sind im Christentum die Verkörperung des Glaubens an die 3 Urgöttinnen beziehungsweise Schicksalsgöttinnen, die bei den Christen als die „heiligen drei Madln" bezeichnet werden. Sie werden bis heute immer wieder als die göttliche, weibliche Dreifaltigkeit und dreifaltige Göttin dargestellt.

Die Schreibweise beziehungsweise die Zeichen zwischen den einzelnen Buchstaben sind auch von großer Bedeutung. Das Zeichen der Bethen zwischen den Buchstaben ist ein x, was „Leben" bedeutet, während das + zwischen den Buchstaben der 3 Könige „Tod" bedeutet.

ERDMUTTER BETH UND DIE 3 BETHEN WIBETH, AMBETH UND BORBETH

In allen drei Namen ist die Silbe „-beth" enthalten. Es ist kein Zufall, dass die Namensendung mit Beten, Bitten, Beet und Bett verwandt ist. Mit den Gebeten, Bitten und Gaben, die Sie in der Zeit der Rauhnächte an die drei heilbringenden Frauen richten, wenden Sie sich nicht nur speziell an eine der drei heilbringenden Frauen, sondern gleichzeitig an die große Erdmutter Beth. Das keltische Wort „bet", was so viel wie „ewig, immerwährend" bedeutet, ist eine Beschreibung für das ewige Leben und der Name der Großen Erdmutter.

Als es den Luxus von einem Bett noch nicht gab und sich zum Schlafen auf die Erde gelegt wurde, haben sich die Menschen auf den Boden gelegt und in den Schoß von Mutter Erde begeben. Heute ist dieses in Ritualen immer noch erhalten. Sie geben mit Ihren Wünschen und Intentionen ein Samenkorn in die Erde, worin sich das Bewusstsein unserer Ahnen widerspiegelt, dass im Schoß von Mutter Erde alles gut aufgehoben ist und

Halt findet. Auch wenn Sie keine Rituale durchführen, wissen Sie, dass Sie durch die Fürbitten und Gebete an die drei heilbringenden Frauen in den Rauhnächten etwas in Bewegung setzen können und sich Ihre Wünsche im neuen Jahr erfüllen.

RAUHNÄCHTE – DIE AUSSER-GEWÖHNLICHE „ANDERSZEIT"

Weshalb sind die Rauhnächte aber nun so außergewöhnlich und einzigartig? Warum gibt es so viele Sagen, Geschichten, Mythen und Bräuche, die eng mit diesen Tagen verbunden sind? Wieso gab es früher und gibt es auch heute Menschen, die Weihnachten und Silvester nicht einfach nur als Fest feiern, sondern regelrecht zelebrieren?

Die Zeit zwischen dem 21. Dezember und 6. Januar klafft als Lücke zwischen dem Mondkalender mit 354 Tagen und dem regulären Kalender mit 365 Tagen. Zum Ausgleich werden die fehlenden elf beziehungsweise zwölf Tage, die als Rauhnächte bezeichnet werden, an das Mondjahr angehängt. In dieser „Anderszeit", der Zeit zwischen den Jahren kommt es zum Ausgleich der Kräfte von Sonne und Mond. Ihr Wirken und die Wirkung auf die Menschen fallen dabei sehr unterschiedlich aus.

Aus diesem Blickwinkel betrachtet wird schnell klar, warum in dieser Zeit eine extreme Spannung vorhanden ist, die gleichzeitig Einsichten mitbringt, die besonders in die Tiefe gehen. Nichts ist, wie es war. Die Zeit gestaltet sich anders und läuft in anderen Bahnen. Die Tore zur Anderswelt beziehungsweise geistigen Welt stehen weit offen und die himmlischen Geister, Wesen und Gestalten begeben sich unter die Menschen, die auf der Erdkugel leben. Gerade in den zwölf Nächten sind Sie verlorenen Seelen, Geistern, sonderbaren Wesen und genauso Ihnen wohlgesonnenen Göttern mit ihren besonderen Kräften und Energien ganz nah. Der Umgang mit ihnen in den Rauhnächten ist zugleich eine Herausforderung und ein Segen.

IN DER DUNKELHEIT DEN HELLEN SCHEIN DES LICHTES ERHALTEN

Gerade wenn es draußen kalt, grau, dunkel und ungemütlich ist, werden Straßen, Gärten, Häuser und Fenster mit Licht erhellt. Wir dekorieren die Räume in unseren Häusern und Wohnungen mit

Kerzen, Lichterketten, leuchtenden Girlanden und Adventskränzen, die nicht nur Licht, sondern auch Wärme und eine gemütliche Atmosphäre mitbringen. Licht wirkt natürlich auch im Hinblick auf unsere psychische und physische Verfassung. Gerade in den Rauhnächten beschleichen uns manchmal düstere Gedanken und Stimmungen, denen Sie entgegenwirken, indem Sie das Licht nicht nur aufstellen, sondern in Ihrem Herzen tragen.

Wenn wir an dieser Stelle noch einmal zu unseren Vorfahren zurückkehren, stand diesen nach der Wintersonnenwende die härteste und längste Zeit noch bevor, die der Winter zu bieten hat. In der Hoffnung, dass die Nahrungsmittel reichen, niemand aus der Familie krank wird und alle gesund in den Frühling starten können, saßen sie zusammen. Es wurde die Gemeinschaft genossen, Kraft gespendet und sich ausgetauscht, wodurch Licht in diese dunkle und ungemütliche Zeit gebracht wurde.

Es wurde sich daran erinnert, welche Widrigkeiten sie bis jetzt überstanden haben und Geschichten mit einem guten Ende erzählt. Natürlich wurde auch darüber geredet, was die Zukunft bringen mag und versucht, einen Blick auf das kommende Jahr zu erhaschen. Wie wird es sein und was erwartet uns? Gibt es eine gute Ernte? Kommen gesunde Nachkommen auf die Welt und bleibt es friedlich im Land, ohne Kriege und Schlachten? Das waren grundlegende Fragen, die sich teils ängstlich, teils erwartungsvoll in der Zeit der Wintersonnenwende und den Rauhnächten gestellt wurden.

Ein Weihnachtslied von Christian Morgenstern

„Wintersonnenwende!
Nacht ist nun zu Ende!
Schenkest, göttliches Gestirn,
neu dein Herz an Tal und Firn!

O der teuren Brände!
Hebet hoch die Hände!
Lasset uns die Gute loben!
Liebe, Liebe, Dir da droben!

Wintersonnenwende!
Nacht hat nun ein Ende!
Tag hebt an, goldgoldner Tag,
Blühn und Glühn und Lerchenschlag!

O du Schlummers Wende!
O du Kummers Ende!"

ORAKELN IN DEN RAUHNÄCHTEN

Den Menschen sind zahlreiche Weissagungsmethoden bekannt, mit denen es Ihnen möglich sein soll, einen Blick darauf zu werfen, was Ihnen die Zukunft bringt. Neben einfachen, fast kindlichen Methoden gibt es auch raffinierte Systeme, für die umfängliches Wissen und Handbücher benötigt werden, um eine genaue Deutung zu erhalten.

Die Rauhnächte mit den geöffneten Pforten zur Anderswelt sind genau die richtige Zeit, um einen Blick in die geistige Welt zu werfen oder von den auf der Erde herumstreifenden Geistern aus der Anderswelt einen Zukunftseinblick zu bekommen. Zahlreiche Orakel kommen in den Rauhnächten zum Einsatz, denn es ist eine Zeit für energiegeladene, starke und kraftvolle Visionen in das kommende neue Jahr.

Magier, Hexen, Heiler, Weise, Druiden und Schamane haben die Zeit der Rauhnächte auf ganz eigene Weise genutzt und gingen alleine in die Natur hinaus. Dieser Rückzug diente dazu, um sich den verbündeten, geistigen Wesen und ihren Kräften hinzugeben. Ziel war dabei, sich mit diesen zu verbinden und ihr weiteres Wirken mit einem klareren Blick zu sehen.

EDELSTEINE UND IHRE BESONDERE WIRKUNG WÄHREND DER RAUHNÄCHTE

Verschiedenen Edelsteinen wird nachgesagt, dass sie besondere Kräfte und Energien besitzen, die Sie auch gerade in den Rauhnächten nutzen können. Dazu zählen Bergkristall, Mondsteine, Chalcedon und Amethyst. Jeder davon hat seine ganz eigenen Besonderheiten, Kräfte und Energien, die Ihnen dabei helfen, Ihre Intuition zu stärken, die Kreativität zu fördern und Ihre ganz eigenen Wünsche und Ziele zu konkretisieren.

Der Bergkristall offeriert Ihnen besondere Fähigkeiten, weil Sie diesen Stein mit Ihrer persönlichen Intention, Ihrem individuellen Wunsch belegen können. Dafür halten Sie den gereinigten, aufgeladenen Bergkristall in Ihren Händen und sprechen Ihren ganz persönlichen Wunsch konkret mit Worten oder in Gedanken aus. Damit machen Sie den Stein zu Ihrem Talisman für Ihr ganz persönliches Ziel.

Seit jeher gilt der Mondstein als bedeutender Halbedelstein, wenn es um Spiritualität geht. Er ist in der Lage, während der Rauhnächte Ihrer Intuition Stärke zu verleihen und gleichzeitig schenkt er Ihnen Kraft, Ihren Wünschen und Zielen zu folgen.

Um zur Ruhe zu kommen und wohltuende Energie zu erhalten, ist der hellblaue Chalcedon der richtige Wegbegleiter durch die Rauhnächte. Er gilt als ultimatives Mittel gegen Stress und sorgt für innere Ruhe und Entspannung. Der Chalcedon hilft Ihnen dabei, in den 12 heiligen Nächten in die Meditation zu gehen und erinnert Sie daran, dass Sie sich Zeit für sich selbst nehmen sollten.

Der Amethyst hilft dabei, negative Energien aufzulösen und Klarheit zu bekommen, was in der Zeit der „rauhen" Nächte ein wichtiger Aspekt ist. Wenn Sie einen Amethyst als Ihren Begleiter wählen, kommen gute Gedanken in den Fluss und auf indirekte Weise ebnen Sie den Weg für Ihre Intuition und einen freien Lauf Ihrer Kreativität.

RÄUCHERN WÄHREND DER RAUHNÄCHTE

Eine sehr alte und heute immer noch verwendete Tradition ist das Räuchern. Eingesetzt wird es, um Haus und Hof energetisch zu reinigen, für verschiedene Rituale und zu religiösen Zwecken, weil die Menschen im Allgemeinen davon überzeugt sind, dass der Rauch eine besondere Wirkung hat. Der Rauch wirkt nicht nur auf den Körper, sondern berührt auch Ihre Seele und die Psyche.

Es werden Harze, Hölzer und getrocknete Kräuter zum Räuchern verwendet. Durch das Verbrennen setzen diese ihre Inhaltsstoffe und besondere Wirkungsweisen frei, die durch den Rauch in den Raum abgegeben werden. Der Rauch hat seine Wirkung nicht nur auf der grobstofflichen, sondern auch auf der feinstofflichen Ebene, wobei die Essenzen und Kräfte der ausgesuchten Kräuter quasi eine Brücke zwischen der hiesigen Welt und der Anderswelt bilden.

Wollen Sie das Räuchern in den Rauhnächten nutzen, können Sie für sich selbst ganz eigene Rituale verwenden. So können Sie ihre ganz persönlichen Wünsche, die Sie für das folgende Jahr haben, auf einem kleinem Blatt Papier notieren und diese anschließend symbolisch verbrennen. Damit gelingt es Ihnen, Ihre Wünsche in die Anderswelt zu schicken. Eine wichtige Frage, die Sie sich in der Zeit der Rauhnächte immer stellen sollten, um der zentralen Fragestellung näher zu kommen ist: Was wollen Sie loslassen und nicht mit in das kommende neue Jahr mitnehmen? Dazu gehört natürlich auch die Frage, was Sie einladen wollen.

Während der Rauhnächte haben Sie die einzigartige Gelegenheit, sich Freiraum für einen Rückblick zu verschaffen und neue Visionen zu kreieren. Dabei brauchen Sie sich nicht an eine spezielle Anleitung zu halten. Es kann aber durchaus hilfreich sein, wenn Sie zum Beispiel ein Rauhnacht-Tagebuch führen oder einen Rauhnacht-Kalender verwenden, der Ihnen Inspirationen und Anregungen bereitstellt.

Der beste Ratgeber und Begleiter ist die Natur. Indem Sie eine Verbindung zu ihr schaffen, erreichen Sie, dem natürlichen Zyklus näherzukommen. Vielleicht kommen Sie sogar sich selbst ein Stück weit näher. Die Rauhnächte sind die ideale Zeit, in der Sie ganz bewusst in die Stille eintauchen können. Sie lassen den Trubel der Vorweihnachtszeit hinter sich. Vielleicht sind Ihnen im vergangenen Jahr große Herausforderungen und Umbrüche begegnet, die Sie zu meistern hatten. Diese können und dürfen Sie genau in dieser Zeit noch einmal reflektieren und auf sich wirken lassen.

Sie können hinsichtlich der Rauhnächte alte Traditionen und den Grundgedanken heute auf Ihre ganz eigene Art feiern, Zeit für einen Rückblick schaffen und sich von Vergangenem verabschieden, um Dinge zu bereinigen und loszulassen. Ebenfalls gelingt Ihnen ein Blick in die Zukunft und Sie können Wünsche darüber festlegen, was Ihnen das kommende Jahr bringen soll. Ihre ganz persönlichen Themen und Fragen können Sie mit Ritualen während der Rauhnächte zelebrieren und zusätzlich Räucherwerk verwenden, um besonders tief in Ihre Seele abzutauchen und tiefe Einblicke zu erhalten.

DER RAUCH DES RÄUCHERNS IST DIE SPEISE DER GÖTTLICHEN

Gerade wenn Sie mit wertvollen Kräutern und edlen Harzen räuchern, verbreitet sich ein angenehmer Duft. Diese sind besonders gut geeignet, um als Opfergabe für wohlmeinende Wesen aus der Anderswelt verwendet zu werden, ihnen Danke zu sagen und sie persönlich in Ihr Leben einzuladen. Der Rauch lässt sich auch ganz bewusst weihen, indem Sie sagen: „Ich weihe den Rauch dieser bestimmten Göttin oder Gottheit, um Danke für die Unterstützung zu sagen und...!" Der geweihte Rauch wird nicht umsonst als Nahrung für die Gottheiten bezeichnet.

MIT RÄUCHERN KANÄLE ZUM EIGENEN BEWUSSTSEIN ÖFFNEN

Das Räuchern ist eine starke energetische Möglichkeit, die Sie nutzen können, um Kontakt mit der Anderswelt aufzunehmen und das Göttliche um Unterstützung zu bitten. Diese rituellen Handlungen basieren schon seit Menschengedenken auf einer religiösen Symbolik. Durch das Feuer wird Rauch erzeugt und Duft freigesetzt. Dieser steigt auf und bildet eine Verbindung zwischen dem Endlichen und Unendlichen, zwischen den Menschen und himmlischen Sphären.

Das Räuchern dient zum Reinigen, Segnen und Heilen und unterstützt Sie beim Meditieren und Beten. Der Ablauf ist keinesfalls eine mechanische Aktivität, sondern vielmehr sollten Sie sie als alchemistischen Prozess sehen, bei dem den Kräutern und Harzen durch das Feuer innewohnende Kräfte freigesetzt und transformiert werden. Den mit Aromen versehenen Rauch nehmen Sie über Ihre Nase in Ihren Organismus auf. Dieser wird an das limbische System weitergeleitet, wo Ihre Erinnerungen und Gefühle gespeichert sind.

Durch das Einatmen erfolgt die Aufnahme der Kraft der Pflanzen, die wiederum Einfluss auf Ihre Seele und den feinstofflichen Körper haben. Sie nehmen die gespeicherte Sonnenenergie der Pflanzen und die aromatischen Düfte in Ihrem Inneren auf. Dadurch gelingt es Ihnen, sich für das große Ganze zu öffnen und sich den Mächten der Anderswelt anzuvertrauen.

Das Wesentliche ist daher Ihre Haltung, mit der Sie das Räuchern durchführen. Gleichzeitig ist es ein Ritual, das einen guten Beitrag dazu leistet, dass Sie ruhiger und fokussierter werden und in Ihr Zentrum vordringen können. Diese besonderen Qualitäten des Räucherns sollten Sie sich immer und gerade in den Rauhnächten vor Augen halten, weil sich diese dadurch verstärken lassen. Damit erreichen Sie zudem, dass die Wirkung des Räucherwerks noch verstärkt wird. Mit dem Räuchern können Sie auch alle vier Elemente in Ihr Ritual einbeziehen.

- Räucherwerk – für das Element Erde
- Rauch – für das Element Luft
- Feuer – für das Element Feuer
- Muschel – für das Element Wasser

Räucherwerke, die zu den Rauhnächten passen:

- weißer Salbei – hat eine schützende und reinigende Wirkung
- Wacholder – bietet Schutz gegen böse Geister und Hexen
- Beeren von Wachholder – leichte einigende, desinfizierten Wirkung und sorgt für Mut
- Myrrhe und Weihrauch – ist das Symbol für das wiedergeborene Licht
- Kiefernharz – schützt vor negativen Kräften, steht für gute Stimmung und neue Energie
- Fichtennadeln – schenkt Ihnen die Energie der Sonne
- Koriander – Entspannung, Reinigung, dient zum Ausbalancieren der inneren Kräfte
- Zeder – erleichtert das Öffnen für die Anderswelt und himmlischen Sphären
- Beifuß – wirkt reinigend, stärkend und ermutigend
- Styrax – hat eine reinigende Wirkung und wirkt beim Räuchern stimmungsaufhellend
- Schafgarbe – unterstützt bei der Selbstfindung und stärkt für den Alltag
- Rosmarin – reinigt, erfrischt, stärkt die Willenskraft, wirkt konzentrations- und kreativitätsfördernd
- Rosenblüten – wirken entspannend und beruhigend
- Mädesüß – unterstützt beim Neuanfang und hilft bei der Verarbeitung von Erlebnissen
- Lavendelblüten – haben eine klärende, reinigende, ausgleichende Wirkung

- Blüten der Königskerze – ideal zum Abbau von Spannungen und zur Reinigung des Hauses
- Weihrauch – wirksam bei Stress und hilft bei der atmosphärischen Reinigung
- Engelwurz – hat eine schützende Wirkung
- Beifuß – für eine energetische Reinigung

DIE ROLLE DES MONDES IN DEN RAUHNÄCHTEN

Der Mond steht für den Blick in das eigene Innere und für Weissagung. Er macht uns für die Natur und das eigene Erleben empfänglich und schenkt uns diese besonderen Stimmungen, die wir erleben. Die Rauhnächte sind eine Zeit, in der wir Dinge machen können, die kaum oder keinen Platz in unserem Alltag haben. Sie haben jetzt die Zeit innezuhalten, zu verschnaufen, empfinden tiefe Gefühle und können Kontakt zur Anderswelt aufnehmen. Es gibt den ewigwährenden Zyklus, der von der Macht der Veränderung und dem Wandel geprägt ist. Ebenso geht es in dieser Zeit darum, Dinge geschehen und weibliche Kräfte fließen zu lassen.

Der Mond verändert sich und trotzdem ist er eine uns ständig begleitende Konstante in unserem Leben. Er bewegt nicht nur die Meere, sondern auch unsere ganz eigene Welt der Gefühle. Die Zeit, in der wir leben, ist stark geprägt von Licht und Leuchtkraft, wobei die Orientierung an maskulinen Grundwerten erfolgt. Sie sind aktiv und erschaffen Großartiges. Ein erstrebenswertes Ziel ist das Leuchten und Glänzen. Indem Sie die Rauhnächte in Verbindung mit dem Mond bringen, finden Sie die wichtige Balance, die Ihnen Weitblick, Tiefgang, Regeneration und neue Kraft beschert. Dafür nutzen Sie Rituale.

RITUALE – KRÄFTE UND ENERGIEN WERDEN FREIGESETZT

Wenn Sie orakeln, räuchern und mit ihrem persönlichen Krafttier arbeiten, nutzen Sie bereits Rituale. Ein weiteres Ritual kann sein, wenn Sie sich etwa fünf Minuten am Abend vor eine brennende Kerze setzen und den vergangenen Tag vor Ihrem inneren Auge noch einmal Revue passieren lassen, um damit abzuschließen.

Das, was Sie Silvester machen und die Abläufe an Heiligabend im Kreise der Familie sind auch Rituale. Dann gibt es da aber auch noch diese magischen, großen Rituale. Mit diesen rufen Sie die geistigen Wesen und Mächte an, um sie um Unterstützung zu bitten und Veränderungen herbeizuführen, die bis in das alltägliche Leben hineinreichen.

Seitdem es Menschen gibt, sind Rituale kraftvoll und energiegeladen. Sie werden mit festgelegten Handlungen durchgeführt. Dabei werden höhere Kräfte mit einbezogen, weil diese mächtiger als die menschlichen Kräfte sind, die zum Beispiel ethische Werte oder Moral sein können.

Die Handlungen, die bei Ritualen durchgeführt werden, haben Symbolcharakter und eine größere Tragweite in der Bedeutung, als Sie vielleicht denken mögen. Das ist vergleichbar mit der heiligen Kommunion in der katholischen Kirche, bei der den Gläubigen eine Hostie übereicht wird, die für den Leib Christi steht. Allerdings lässt sich das nicht mit der bloßen Gabe von Lebensmitteln gleichsetzen, tatsächlich steckt da vielmehr dahinter. Durch ein bewusstes Erleben von Ritualen kann etwas Außergewöhnliches eintreten, wie bereits Wunder darlegen. Davon ist nicht nur in Berichten der Kirche zu lesen, sondern auch an anderen Stellen.

RAUHNÄCHTE – DIE 12 NÄCHTE UND WOFÜR SIE STEHEN

Zahlreiche Mythen, Sagen und Legenden ranken sich um die Rauhnächte, die in der Zeit zwischen den Jahren sind. Gemäß den Kelten stehen in dieser Zeit die Tore zur spirituellen Anderswelt offen. Die sonst vorhandenen Grenzen zu unserer Welt sind besonders dünn und können sogar verschwimmen. Geister, Dämonen und die Seelen der Verstorbenen kommen auf unsere Erde, um dort ihr Unwesen zu treiben.

Jede einzelne Nacht der 12 Nächte steht für einen gesamten Monat im neuen Jahr. Das bedeutet im Grunde genommen, dass Sie in dieser Zeit einerseits erahnen können, was sie im nächsten Jahr erwartet und andererseits können Sie bewusst Einfluss darauf nehmen.

Daher ist es durchaus sinnvoll, dass Sie die Rauhnächte bewusst wahrnehmen. Achten Sie in dieser Zeit besonders auf Ihre Träume, die Themen, mit denen Sie sich beschäftigen sowie auf Zeichen und Symbole, die sich Ihnen zeigen. Jede Rauhnacht hat durch eine Verknüpfung zum neuen Jahr auch ein anderes Thema.

Sie fragen sich jetzt sicherlich, worum es bei den unterschiedlichen Themen handelt. Die Themen sind vielfältiger Natur, wie Sie jetzt sehen:

1. Rauhnacht – Familie und Basis
2. Rauhnacht – Ihre eigene Spiritualität
3. Rauhnacht – Wunder und Öffnung des Herzens
4. Rauhnacht – Transformation
5. Rauhnacht – Liebe und Freundschaft
6. Rauhnacht – Loslassen und Bereinigen
7. Rauhnacht – Hinübergehen und Vorbereitung auf das, was kommt
8. Rauhnacht – Silvesternacht: Segen erhalten und Neustart
9. Rauhnacht – Licht, Klarheit und Frieden
10. Rauhnacht – Wandel und mit dem Göttlichen verbinden
11. Rauhnacht – Abschied nehmen
12. Rauhnacht – „Nacht der Wunder“

In der letzten Rauhnacht werden die Tore zur Anderswelt wieder geschlossen. Wie Sie sehen, geht es in den Rauhnächten um Bewusstmachung, Weiterentwicklung und Loslassen. In dieser Zeit begegnen Ihnen viele Zeichen und Symbole. Um sich diese bewusst zu machen, können Sie ein Tagebuch speziell zu den Rauhnächten führen. Darin sollten Sie in kurzen Worten jeden einzelnen Tag beschreiben.

Ihnen wird bei Schreiben dann sicherlich gleich auffallen, dass Ihnen ein bestimmtes Zeichen, Symbol oder Tier andauernd begegnet. Diese müssen nicht real und greifbar sein, sondern können Ihnen auch auf verbaler oder visueller Ebene begegnen. Wenn Sie nachts träumen und Sie sich morgens noch an Ihren Traum erinnern können, schreiben Sie diesen auch in Ihr Rauhnächte-Tagebuch.

Die Zeit der Rauhnächte ist eine einzigartige Zeit, die Sie für sich selbst nutzen sollten, um auf positive Weise Einfluss auf das kommende Jahr zu nehmen. Indem Sie jeden Tag innenhalten, bewusst erleben und manifestieren, erlangen Sie ein Bewusstsein für Ihre eigene Spiritualität. Das hilft Ihnen dabei, sich mit den eigenen Wünschen, Bedürfnissen und Erwartungen auseinanderzusetzen und nach vorne zu schauen. Dabei kann Meditieren auch sehr hilfreich sein.

DIE RAUHNÄCHTE INTENSIV ERLEBEN

Das vergangene Jahr war nicht nur besonders, sondern hatte zahlreiche Herausforderungen, glückliche Momente und sicherlich auch innere Zufriedenheit im Gepäck. Mit großen

Schritten geht es auf den Jahreswechsel zu und es gibt besondere Feste zu feiern. Es ist aber auch eine Zeit der Besinnung und inneren Einkehr, um Frieden zu schließen, Altes loszulassen und für das neue Jahr Ihre Visionen, Ziele und Sehnsüchte zu formulieren.

Was wird Ihnen das neue Jahr bringen? Genau für diese Frage sind die Rauhnächte die richtige Zeit. Sie können um Hilfe und Unterstützung aus der Anderswelt bitten. Im ganzen Jahresverlauf wird Ihnen keine Zeit begegnen, in der Sie vor weit geöffneten Toren zur geistigen Welt stehen und die Nähe des Göttlichen erleben und spüren können. Es gibt schöne Rituale für die Rauhnächte, die Sie stärken und mit denen Sie gut in das neue Jahr hinübergehen.

Gestalten Sie die Rauhnächte so wie es Ihnen gefällt! Sie brauchen dafür keine Esoterik, kein Brauchtum und keine alten Traditionen. Nutzen Sie die Rauhnächte, um sich zu besinnen, zur Ruhe zu kommen, mit Vergangenem abzuschließen und gestärkt und energiegeladen einen Neuanfang zu starten. Dabei helfen Ihnen sieben Rituale!

1. SORGEN, KUMMER UND BELASTENDES VERBRENNEN

Lassen Sie das alte Jahr los und begrüßen Sie das neue Jahr! Schreiben Sie Ihre Ängste, Nöte, Kummer und Sorgen auf, die Sie belastet und gestresst haben. Ebenso notieren Sie alles, wovor Sie sich im kommenden neuen Jahr fürchten und was Ihnen Angst einflößt. Anschließend legen Sie das beschriebene Blatt Papier in eine Feuerschale und verbrennen es.

2. MIT MEDITATION IN SICH SELBST HINEINHORCHEN

Suchen Sie sich einen besonderen Ort oder begeben Sie sich an Ihren Lieblingsplatz zum Meditieren. Dies hilft Ihnen dabei, innezuhalten und zur Ruhe zu kommen. Dieser Ort kann ein bequemer Sessel vor einem Fenster mit einer besonderen Aussicht und genauso ein kleiner Bereich sein, den Sie mit Kerzen oder mit Blumen liebevoll gestalten, um daraus Ihren ganz persönlichen Kraftplatz zu machen. Nicht nur in den Rauhnächten, sondern das ganze Jahr über können Sie dort jeden Tag für einige Minuten meditieren und innere Einkehr halten.

3. RÄUCHERN ALS DANKSAGUNG AN DAS GÖTTLICHE

Räuchern gehört zu den alten Ritualen in den Rauhnächte und diente dazu, um für Fülle und Reichtum in der Natur danken, gleichzeitig um Kontakt zum Göttlichen aufzunehmen und um Unterstützung für das kommende Jahr zu bitten. Ideal dafür sind Weihrauch, Lavendel, Kiefernharz, Fichtenharz, Tannennadeln und Räucherwerk mit Kardamom oder Sternanis.

4. IN DIE NATUR GEHEN, UM SICH MIT IHR ZU VERBINDEN

Gehen Sie in der Zeit der Rauhnächte hinaus in die Natur und machen Sie Spaziergänge in verschneiten Landschaften und Wäldern. Stärken Sie dabei Ihr Bewusstsein für die Schönheit einer verschneiten Winterlandschaft und sammeln Sie Kleinigkeiten, die Sie auf dem Weg oder am Wegrand finden, beispielsweise Blätter, Rindenstücke oder kleine Zweige. Indem Sie sich fokussieren, lenken Sie sich für einen Moment von Ihren Gedanken ab und können sich mit der Kraft der Natur verbinden.

5. TIEFE ENTSPANNUNG UND INNERER RÜCKZUG

Die Rauhnächte sind eine stille Zeit und damit ideal, um in Ihr tiefstes Inneres zu schauen. Sie haben in dieser Zeit die Gelegenheit, nach Ihren innersten Sehnsüchten zu fragen und zu schauen, wonach sich Ihr Herz sehnt. Ein mit Achtsamkeit durchgeführtes Teeritual kann dafür sorgen, dass sich Ruhe und Ausgeglichenheit einstellen. Lassen Sie sich ein heißes Bad ein, geben Sie einen besonderen Duft hinzu und zünden Sie Kerzen an. Sie können wunderbar entspannen und dieses Ritual gleichzeitig als eine Art Meditation zelebrieren. Sie können Ihren Lieblingsplatz in Ihrem Zuhause aufsuchen, Kerzen anzünden und es sich gemütlich machen. Das warme Licht von Kerzen lässt Ihre Gedanken zur Ruhe kommen und bietet Ihnen Entspannung.

6. SCHREIBEN SIE IHRE TRÄUME AUF

Wählen Sie ein hübsches Tagebuch, um darin Ihre Träume aufzuschreiben. Laut alter Tradition deuten die Träume in den Rauhnächten daraufhin, was Ihnen die Zukunft, das neue Jahr bringen wird. Es ist ganz gleich, ob Sie daran glauben oder nicht. Ihr persönliches Traumtagebuch legen Sie am besten direkt neben Ihr Bett, damit Sie gleich nach dem Wachwerden aufschreiben können, woran Sie sich noch erinnern können. Es kann gut sein, dass gar nichts passiert. Sie können aber wohlmöglich auch auf Wörter stoßen, durch die Ihre inneren Sehnsüchte entfacht werden, die aber genauso auch wichtige Fragen aufwerfen können.

7. FORMULIEREN SIE IHRE EIGENEN WÜNSCHE

Die Zeit der Rauhnächte ist der richtige Zeitpunkt, um Ihre Wünsche zu formulieren und auszusprechen. Dafür setzen Sie sich zuerst mit Ihren Gedanken, Gefühlen und dem Inneren auseinander. Diese drei Aspekte beeinflussen die äußere Welt, die Sie umgibt. Schreiben Sie Ihre Sehnsüchte, Wünsche und Ziele auf ein Blatt Papier und geben Sie den Zettel in Ihre Geldbörse, um diesen immer bei sich zu tragen. Sie können den Zettel auch in eine hübsche Dose mit Deckel und geschmackvollen Verzierungen legen.

RÄUCHERN – ORAKEL FÜR DIE MUTTERGÖTTIN

Um böse Geister zu vertreiben wird seit tausenden von Jahren in den Rauhnächten geräuchert. Mit der Räuchergabe wurde das Göttliche darum gebeten, Krankheiten zu heilen und Unheil fernzuhalten.

Es war die Percht beziehungsweise Frau Holle, die das neue Licht auf die Erde und damit die Hoffnung auf neues Leben zurück gebracht hat. Sie haben das Wissen um Tod und Leben, spinnen den Lebensfaden und durchtrennen ihn. Der 21. Dezember, die Wintersonnenwende ist das Fest von Frau Percht beziehungsweise von Frau Holle. Gefeiert wird die Wiedergeburt des Lichtes.

Es steht geschrieben, dass Frau Holle/Frau Percht zusammen mit den Seelen der Ahnen durch das Land zieht, die im neuen Jahr wiedergeboren werden sollen.

In der Rauhnacht schaut sie durch die Fenster und kontrolliert, ob das Spinnrad der Frauen stillsteht. Außerdem hat sie über Gut und Böse entschieden. Ein Brauch in den Rauhnächten ist, dass nicht gearbeitet werden darf. Wer sich nicht daran gehalten hat, wurde von Frau Percht/Frau Holle bestraft. Diejenigen, die neugierig waren und das Haus verließen, um Frau Percht zu sehen, ereilte ebenfalls eine Bestrafung.

Es heißt, dass die Menschen blind geworden sind, die Frau Percht der Frau Holle in die Augen geschaut haben. Bei Ihrem nächsten Besuch in den darauffolgenden Rauhnächten im nächsten Jahr wurde die Blindheit durch sie wieder aufgehoben.

RAUHNÄCHTE GANZ BEWUSST BEGEHEN

Heute gibt es wohl kaum einen, der während der Rauhnächte auf das Wäschewaschen verzichtet. Räuchern hingegen gehört auch heute noch zu den liebgewonnenen Gewohnheiten, da die duftenden Kräuter für eine angenehme Atmosphäre sorgen und gleichzeitig eine beruhigende Wirkung haben. Traditionell werden die Rauhnächte auch dafür genutzt, um innere Einkehr zu halten. Sie blicken in Ihr Inneres und schaffen eine Verbindung mit sich selbst und der Anderswelt. Dafür verwenden Sie Rituale. Damit können Sie die Richtung vorgeben, die Sie sich für das bevorstehende, neue Jahr von ganzem Herzen wünschen.

IN DEN RAUHNÄCHTEN RÄUCHERN

Machen Sie aus dem Räuchern ein kleines Ritual. Dieses können Sie ganz nach Ihren Wünschen gestalten und über die ganze Zeit der Rauhnächte durchführen. Ihre Vorstellungskraft ist ein wichtiger Begleiter. Stellen Sie sich vor Ihrem inneren Auge vor, wie der Rauch das Negative und schlechte Energien aus Ihren vier Wänden vertreibt und für positive, energiegeladene Kraft sorgt.

Zum Räuchern brauchen Sie nicht viel. Nehmen Sie eine Räucherschale, in die Sie Kohle, Sand und Räucherwerk, wie zerkleinerten Weihrauch geben. Zünden Sie die Kohle an und warten Sie, bis sich weiße Glut gebildet hat. Darauf geben Sie dann die ausgewählten Kräuter, die Sie zum Räuchern verwenden möchten. Der Duft der Kräuter und den Rauch verteilen Sie in Ihrem ganzen Haus. Anschließend öffnen Sie Türen und Fenster weit. So kann der Rauch nach draußen abziehen.

13 WÜNSCHE FÜR DIE RAUHNÄCHTE FORMULIEREN

Eine alte Tradition, die für viele Menschen auch heute noch Gültigkeit hat, ist das Äußern von Wünschen für das neue Jahr. Doch weit vorher, am 21. Dezember können Sie sich Gedanken über Ihre ganz eigenen Wünsche für das neue Jahr machen. Schauen Sie genau hin und überlegen Sie, was Ihre tatsächlichen Herzenswünsche sind. Dazu gehören keine Idealvorstellungen, die Ihnen Ihr Ego einredet und Erwartungen, die andere an Sie stellen. Es geht ganz alleine nur um Sie selbst.

Nehmen Sie verschiedene Zettel, auf die Sie alle Ihre ganz persönlichen Wünsche aufschreiben. Danach wählen Sie 13 Wünsche davon aus, die Ihnen ganz besonders wichtig sind. Die Formulierung Ihrer Wünsche sollte so gestaltet sein, als ob diese schon in Erfüllung gegangen sind. Richtig formuliert wäre beispielsweise: „Ich bin gesund", anstelle von „Ich möchte gesund sein". Damit gelingt es Ihnen, aus einem Wunsch eine Affirmation zu machen. Diese strotzt nur so von Selbstbewusstsein und der Gewissheit, dass der Wunsch in Erfüllung geht.

In jeder Rauhnacht verbrennen Sie nun jeweils einen der Zettel mit Ihrem speziellen Wunsch, den Sie danach nicht mehr lesen dürfen. Dabei steht jede Rauhnacht für einen Monat des nächsten Jahres. Die erste Rauhnacht hat eine Verbindung zum Januar, die zweite Rauhnacht steht in Verbindung mit dem Monat Februar und so weiter. Neigt sich das Jahr dem Ende zu, können Sie nachprüfen, ob sich Ihre Wünsche erfüllt haben, oder ob Sie ihrem Ziel ein Stück näher gekommen sind.

In der letzten Rauhnacht werden Sie einen Zettel übrig haben, den Sie ruhig öffnen dürfen. Damit dieser letzte Wunsch in Erfüllung geht, können Sie jetzt ganz gezielt daran arbeiten.

INSPIRATIONEN FÜR JEDEN EINZELNEN TAG DER RAUHNÄCHTE

Es gibt zu jeder Rauhnacht ein bestimmtes Thema. Um sich damit zu beschäftigen, sollten Sie sich jeden Tag eine halbe bis eine ganze Stunde Zeit nehmen. Werden Sie kreativ und nutzen Sie diese Zeit zum Reflektieren und Meditieren. Notieren Sie täglich nach dem Aufstehen Ihren Traum, den Sie in der Nacht hatten und abends, was Ihnen am Tag passiert ist und womit sich Ihre Gedanken beschäftigt haben. All dies kann Ihnen einen Hinweis darauf geben, was Ihnen im neuen Jahr beziehungsweise im jeweiligen Monat, der einer Rauhnacht zugeordnet ist, passieren wird. Um sich inspirieren zu lassen, können Sie genauso eine Karte ziehen.

Die aufgezeigten Aussichten können Ihnen als Hilfestellung dienen. Sie können dafür sorgen, dass Sie Dinge begreifen, sich selbst zu reflektieren und Ihre Lebensumstände aus einem anderen Blickwinkel heraus zu betrachten. Ziehen Sie zum Beispiel eine Karte aus einem Tarot, werden sicherlich viele verschiedene Assoziationen auftauchen, die Sie dafür nutzen können, um sich inspirieren zu lassen.

Um die Rauhnächte zu begehen, gibt es keine ultimative Anleitung und kein spezielles Rezept. Vielmehr haben Sie zahlreiche Möglichkeiten, um diese energetische und mystische Zeit zwischen den Jahren ganz nach Ihren individuellen Vorstellungen zu gestalten. Öffnen Sie Ihr Herz und nutzen Sie die jeweiligen Themen, die in Verbindung mit jedem Tag der Rauhnächte stehen.

DIE 12 RAUHNÄCHTE UND IHRE THEMEN

Die Themen und ihre Bedeutung sind der Weg, der Ihnen zu mehr Klarheit verhilft und Ihnen bei der Formulierung Ihrer Wünsche, Visionen und Zielsetzungen für das neue Jahr hilft. Lassen Sie Ihr Herz sprechen, um die verschiedenen Fragen zu beantworten.

24. DEZEMBER, DIE 1. RAUHNACHT – WERDEN SIE SICH SELBST BEWUSST!

Beschäftigen Sie sich an diesem Tag mit der Frage, was Ihnen gut tut, was Sie belastet und Ihnen nicht gut tut.

- Welches Ziel möchten Sie im nächsten Jahr erreichen?
- Welcher Wunsch soll in Erfüllung gehen?
- Haben Sie etwas, das keine Wichtigkeit mehr hat oder vergeben werden möchte?

25. DEZEMBER, DIE 2. RAUHNACHT – SICH BEFREIEN UND FREI SEIN!

- Von was möchten Sie sich befreien?
- Wo sollten Veränderungen eintreten?
- Was macht Sie zu einem besonderen Menschen?

26. DEZEMBER, DIE 3 RAUHNACHT – VERBINDUNG HERSTELLEN UND VERBUNDEN BLEIBEN!

- Haben Sie Vertrauen in Ihre Intuition?
- Wo herrschen in Ihrem Leben häufig chaotische Zustände?
- Was sagen Ihnen äußere Begebenheiten über Ihr Innenleben?

27. DEZEMBER, DIE 4. RAUHNACHT – INNERE KRÄFTE UND ENERGIEN WECKEN!

- Woraus können Sie Energie und Kraft schöpfen?
- Was macht Sie mutig und was entmutigt Sie?
- Worum lohnt es sich zu kämpfen?

28. DEZEMBER, DIE 5. RAUHNACHT – SICHERHEIT SPÜREN!

- Was benötigen Sie um ein sicheres Gefühl zu erhalten?
- Führen Sie das Leben, das genau zu Ihnen passt?
- Sind Sie in der Lage, Dinge gut loszulassen?

29. DEZEMBER, DIE 6. RAUHNACHT – WERDEN SIE LEICHT!

- Welche Stärken haben Sie?
- Was geht Ihnen besonders leicht von der Hand?
- Lernen Sie gerne Neues kennen?
- Lassen Sie sich schnell von Ihrem Thema ablenken?

30. DEZEMBER, DIE 7. RAUHNACHT – FINDEN SIE IHRE HEIMAT!

- Was bedeutet Ihnen Familie?
- Wo haben Sie das Gefühl zuhause zu sein?
- Ist ein Gleichgewicht zwischen Geben und Nehmen vorhanden?

31. DEZEMBER, DIE 8. RAUHNACHT – IM INNEREN STRAHLEN!

- Haben Sie einen starken Glauben an sich selbst?
- Wo sind Sie besonders kreativ?
- Sind Sie schnell zum Handeln bereit?

1. JANUAR, DIE 9. RAUHNACHT – MIT SICH IM KLAREN UND REINEN SEIN!

- Haben Sie Tendenzen zum Perfektionismus?
- Sind Sie ein guter Beobachter?
- Bereitet Ihnen Arbeit Freude und arbeiten Sie viel?

2. JANUAR, DIE 10. RAUHNACHT – SPÜREN SIE HARMONIE!

- Finden Sie sich selbst schön?
- Sind Sie ein charmanter Mensch?
- Versuchen Sie, Konflikte zu vermeiden und gehen Sie diesen aus dem Weg?

3. JANUAR, DIE 11. RAUHNACHT – LASSEN SIE SICH AUF NEUES EIN!

- Wollen Sie alles am liebsten kontrollieren?
- Haben Sie die Tendenz, sich selbst zu zerstören?
- Sind Sie stark auf Dinge oder andere Menschen fixiert?

4. JANUAR, DIE 12. RAUHNACHT – FINDEN SIE DEN SINN!

- Sind Sie in der Lage, sich selbst glücklich zu machen?
- Sind Sie oft die Leitperson für andere?
- Blicken Sie mit Optimismus in das Zukünftige, was vor Ihnen liegt?

Die Erkenntnisse, die sich Ihnen aus diesen Fragen ergeben haben, können Sie aufschreiben. Notieren Sie, was Sie selbst über sich erfahren haben oder halten Sie die Erkenntnisse in einem Bild fest, dass Sie selbst malen. Ihre Notizen können Sie im kommenden Jahr immer wieder hervorholen und sich Ihre Erkenntnisse ins Gedächtnis rufen.

DAS ORAKEL – EINE AUSSERGEWÖHNLICHE WELT VOLL MAGIE UND MYSTIK

Die Rauhnächte werden auch als sogenannte „Lostage“ bezeichnet. Damit ist nicht das Los einer Lotterie gemeint, dass Ihnen einen fetten Gewinn bringt oder sich als Niete entpuppt. Im ersten Moment könnte man jedoch vielleicht davon ausgehen. Bei den Lostagen geht es nicht um Gewinnen oder Verlieren, Schwarz oder Weiß, Ja oder Nein, sondern vielmehr um die Qualität der Zeit, die sich in feinen Nuancen darstellt.

Entscheidend ist, Aussagen und Botschaften von Menschen, der Natur und Wesen der Anderswelt wahrzunehmen, indem Sie hinhören beziehungsweise zuhören. Im alpenländischen Raum wird dafür das Wort „zulosen“ verwendet, was so viel wie „zuhören“ bedeutet.

Insbesondere zählten zu den Lostagen die Weihnachtszeit und in weiterem Sinne die ganzen Rauhnächte. Einmal genauer hingeschaut fällt auf, dass die Lostage darüber Auskunft gegeben haben, wie sich die Wetterverhältnisse gestalten. Gerade für die Bauern war das Wissen um das Wetter wichtig, damit sie Arbeitsabläufe planen und Vorräte sinnvoll anlegen konnten.

Ein weiterer Lostag ist zum Beispiel der Siebenschläfer. An diesen Tagen konnten Tendenzen des Wetters abgelesen werden, die auf Beobachtungen zurückzuführen sind, die schon jahrhundertelang durchgeführt wurden. Das ist aber nur die eine Seite der Lostage. Die andere Seite ist der Volksglaube, bei dem es mehr um die vermittelte Qualität der Geister und um die Mystik geht.

Es gibt einen weit geöffneten Durchgang zur geistigen Welt, gerade in den zwölf Rauhnächten. Das ermöglicht Ihnen einen Ausblick darauf, was die Zukunft bringen wird. In dieser Zeit findet nicht nur die wilde Jagd statt, auch Dämonen, Geister und weitere wilde Geistwesen verlassen die Anderswelt, um sich unter die Menschen auf der Erde zu mischen. Auch die wohlwollenden Wesen, die den Menschen auf liebevolle und sanfte Weise unterstützen, lassen sich einfacher erreichen, wenn Sie sich darum bemühen, mit ihnen Kontakt aufzunehmen.

Darum muss es einen nicht verwundern, dass auch heute für viele Menschen die Rauhnächte der ideale Zeitpunkt sind, um sich mit essentiellen Lebensfragen zu beschäftigen. Es werden Orakel befragt, um einen kurzen Blick auf Zukünftiges zu erhaschen. Orakeln ist natürlich nicht dafür gedacht, das Zukünftige als in Stein gemeißeltes Schicksal schon vorher zu kennen. Der Blick in die Zukunft löst eher Gefühle wie Dankbarkeit oder Freude aus. Sie können spüren, welche bestimmten Tendenzen, Aufgaben zum Lernen und Themen vor Ihnen liegen. Dies hilft Ihnen dabei, sich darauf vorzubereiten.

Ein Orakel kann auch eine gute Hilfe dabei sein, sich Klarheit über die eigenen Wünsche und Ziele zu verschaffen. Es wird zudem die spezielle Ebene mit eingebracht, die wir häufig und gerne als Zufall bezeichnen. Es ist aber so, dass unsere irdische Welt und die Anderswelt Körper, Geist und Seele im Ganzen miteinschließen. Das Orakel lässt sich vielleicht sogar als einen Zugang zu unserem höheren „Ich" bezeichnen, um die eingeschränkte Sichtweise, die wir auf die Dinge haben, in eine neue, größere Dimension zu erheben.

DIE BOTSCHAFT DES ORAKELS VERSTEHEN

Wenn Sie schon einmal ein Orakel befragt haben, wissen Sie, dass der Verstand häufig die Antworten nicht sofort versteht. Trotzdem spüren Sie, dass sich etwas zu verändern beginnt und Wesentliches doch bei Ihnen angekommen ist. Genau diesem Gefühl können Sie vertrauen. Nun können Sie ein Deutungsbuch aufschlagen und nachschauen oder sie lassen es bleiben und erfassen die Bedeutung rein auf der emotionalen Ebene.

Denken ist nur eine Dimension, die den Menschen ausmacht, auch wenn der Alltag uns manchmal etwas anderes glauben lässt. Sie geben nicht nur das Bild Ihres Denkens ab, sondern viel mehr, als Sie mit Ihren Gedanken zum Ausdruck bringen. Gerade die Rauhnächte sind die richtige Zeit, in der Sie sich mit den verschiedenen Ebenen Ihres Seins verbinden können.

KARTEN ZUM ORAKELN VERWENDEN

Um in den Rauhnächten zu orakeln, können Sie aus einer unendlichen Auswahl von Kartenorakeln und Kartensets wählen. Welches Sie verwenden sollten, lässt sich pauschal nicht beantworten. Um Tendenzen für die folgenden Monate zu erfragen, werden gern Tarotkarten verwendet. Es werden nur die großen Arkana genutzt, weil Sie damit ein Bild für jeden einzelnen Monat erhalten. Es kann zusätzlich noch eine weitere Karte geben, die für das Jahr im Ganzen steht.

Zum Orakeln lassen sich Krafttierkarten, Engelskarten, das klassische Tarot, Märchenkarten oder auch die Lenormand-Orakelkarten verwenden. Sie können auch selbst Karten entwerfen, die Sie zum Orakeln nutzen. Suchen Sie sich ein Kartenset aus, das Ihnen gut gefällt und nutzen Sie es ruhig eine Weile. Durch dic regelmäßige Verwendung verstehen Sie die Motive und Energien der Karten besser. Somit werden die Deutungen deutlich präziser.

BLEIGIESSEN IN DEN RAUHNÄCHTEN

Wenn es um das Orakeln während der Rauhnächte geht, darf das Bleigießen nicht fehlen, was in der Silvesternacht sehr beliebt und auch sehr weit verbreitet ist. Anhand der Formen, die das erstarrte Blei einnimmt, wenn es in flüssiger Form in Wasser gegossen wird, soll die Tendenz des kommenden Jahres ablesbar sein.

Nicht nur aus dem erstarrten Blei selbst, sondern auch aus dem Schatten, den das Bleigebilde an die Wand projiziert, kann die Zukunft abgelesen werden. So sind die Menschen früher beim Bleigießen vorgegangen. Dabei wird die erste Assoziation genutzt, die sich bei dem Bild ergibt, bevor das Gehirn sich einschaltet. Sie können sich auch in geselliger Runde darüber austauschen, was der Schatten darstellt. Dabei werden oftmals Aussagen getätigt, auf die Sie selbst gar nicht gekommen wären. Und diese fühlen sich häufig sogar stimmig an.

MIT RUNEN ODER I GING ORAKELN

Runen und I Ging sind beides sehr alte Orakel. Während die Runen aus der germanischen Tradition stammen, kommen die I Ging aus dem alten China. Verwendet werden diese beiden in den Rauhnächten sicherlich nur von denjenigen, die sich mit dem Umgang auskennen. Sie können aber auch die Zeit der Ruhe und Stille dafür nutzen, die beiden Orakel kennenzulernen und sich damit auseinanderzusetzen. Sowohl für Runen als auch für I Ging gibt es Deutungsbücher, die gerade bei letzteren unumgänglich sind. Es lohnt sich aber auf jeden Fall.

Auch das Lesen im Kaffeesatz ist eine weitere Möglichkeit zum Orakeln. Mit Tanzen können Sie auch Ihre jetzige Stimmung ausdrücken. Währenddessen befragen Sie Ihren Körper, welche Tendenz der jeweilige Tag auf der Gefühlsebene mit sich bringt und können gleich auch die Tendenz des jeweiligen Monats spüren. Auch wenn Sie raus in die Natur gehen und schauen, was Ihnen dort begegnet, können Sie bestimmte Erlebnisse als Omen deuten, um Ihre spezielle Fragestellung auszuwerten.

Welches Orakel zu Ihnen passt und Ihnen dabei hilft, eine Verbindung zwischen dem äußeren Bild und der tieferen Wahrheit herzustellen, dass Sie tief in Ihrem Inneren tragen, können Sie grundsätzlich aus den vielen verschiedenen Möglichkeiten selbst entschieden. Am besten hören Sie dabei auf Ihre Intuition.

Was Sie allerdings bei einem Orakel bedenken sollten ist, dass das was es sagt, nicht unweigerlich eintritt. Die Aussagen sollten Sie nicht mit in Stein gemeißelten Prognosen verwechseln, die es unbedingt einzuhalten gilt. Die Karten geben Ihnen nicht den Weg, Entscheidungen oder Handlungsweisen vor. Das ist nicht der Sinn und Zweck eines Orakels. Vielmehr sind es Tendenzen, in welche Richtung es gehen kann. Der Verlauf Ihres Lebens hängt immer davon ab, welche Entscheidung Sie treffen, was Sie machen und wie Sie selbst mit sich umgehen.

Das Orakel ist in gewisser Weise ein Spiegel und zeigt Ihnen eine Momentaufnahme von Ihrem Gesichtsausdruck, wenn Sie hineinschauen. Es ist ein beratender guter Freund, wobei die Entscheidung, was Sie tun und wie Sie handeln Ihnen überlassen bleibt. Durch das Orakel werden auf jeden Fall Ihre Sinne geschärft und es ist ein guter Helfer, um sich intensiver und tiefgründiger mit sich selbst auseinanderzusetzen. Das ist sicherlich das Wertvollste, was Ihnen ein Orakel geben kann.

RATGEBER, BEGLEITER UND HELFER DER ANDEREN ART EINLADEN

Laden Sie ruhig zahlreiche Begleiter ein, die Ihnen im Leben zur Seite stehen und wählen Sie solche aus anderen Sphären. Die nicht alltäglichen Zeitgenossen können Sie spüren, gerade wenn Sie sich eifrig und strebsam auf den Weg machen. In den Rauhnächten ist die beste Zeit dafür, weil die Tore zur Anderswelt offen stehen und der Kontakt zu den Wesen und dem Göttlichem intensiviert werden kann.

Zuerst sollten Sie die Entscheidung treffen, wen oder was Sie einladen möchten. Sie können Wesen wie Baumgeister, Engel, Krafttiere oder auch Feen einladen. Haben Sie die Entscheidung gefällt, ist wichtig, dass Sie sich mental dafür öffnen, um zu sehen, welcher Baumgeist, welcher Engel oder welches Krafttier sich Ihnen zeigen möchte.

Ein Bär bringt natürlich eine andere Energie mit als ein Schmetterling und eine Buche hat eine andere Wirkung als ein Holderstrauch. Die Einzigartigkeit, die das auftauchende Wesen mit sich bringt, kann Ihnen zahlreiche Anreize offerieren.

Sie können genauso Ihre stärkeren Wesensanteile, wie Ihren „inneren Magier" oder die „innere Heilerin" einladen, um diese kennenzulernen. Vielleicht suchen Sie ja auch einen Helfer oder ein Wesen aus der Anderswelt, die Sie durch die gesamte Zeit der Rauhnächte begleiten. Am Anfang der Rauhnächte führen Sie dafür ein Anfangsritual durch, um den Kontakt herzustellen und zu fragen, welches Wesen Sie durch die Zeit begleiten will.

Herausfinden lässt sich das, indem Sie tief in Ihr Inneres hineinspüren. Dies geschieht zum Beispiel mit Tarotkarten oder wenn Sie einen Spaziergang in der Natur machen. Vielleicht fällt Ihnen in diesem Moment der Baum vor Ihrem Fenster auf, wenn Sie auf die Suche nach einem Begleiter durch die Rauhnächte sind. Schauen Sie einfach genau hin, um zu erfahren, wer oder was sich Ihnen zeigt.

Sie können auch für jeden Tag der Rauhnächte jeweils einen einzelnen Begleiter zu sich einladen, der Ihnen Rat, Hilfe und Beistand zukommen lässt, nicht nur an diesem Tag, sondern auch im dazugehörigen Monat des kommenden Jahres. So stellen Sie sich gleich einen ganzen Helfertrupp zusammen, den Sie sich gedanklich immer wieder vor Augen führen können. Im laufenden Jahr können Sie in schwierigen Situationen über die besonderen Eigenschaften des Monatsbegleiters nachdenken, diesen spüren und um Rat und Hilfe bitten.

SO WERDEN DIE RAUHNÄCHTE ZU EINEM GELUNGENEN ERLEBNIS

Indem Sie die Rauhnächte ganz individuell gestalten, stille Einkehr und Schönes und Aufregendes miteinander verbinden, kann sich eine perfekte Balance bei Ihnen einstellen, die Ihnen bei der Selbstfindung hilft. Sie erleben eine besondere Harmonie, die sich zwischen Entspannung und Aktivität einstellt. Die Kombination setzt sich aus einem fokussierten Blick in Ihr tiefstes Inneres und ausgelassenem, fröhlichem Miteinander zusammen. Damit es Ihnen recht leicht gelingt, besondere Zeit voller Magie und Mystik in Ihr Herz und Leben zu holen, gebe ich Ihnen nun einige Anregungen.

ENTWICKELN SIE IHRE GANZ EIGENEN RITUALE

Natürlich können Sie sich eines der aufgezählten Rituale auswählen. Doch viel spannender ist es, wenn Sie selbst Ihr eigenes „perfektes" Ritual entwickeln, dass Sie ganz bewusst begehen. Das kann beispielsweise Kuscheln, Genießen, sich Freuen oder Lachen sein. Wenn Sie über Ihr ganz persönliches Ritual nachdenken, erinnern Sie sich garantiert an Dinge, die Sie früher gerne gemacht haben. Gleichzeitig werden sich daraus Ideen für ihr zukünftiges Leben entwickeln. Sie verspüren eine neue Lust auf Ihr Leben, weil Sie die tieferen Zusammenhänge deutlich klarer sehen.

STELLEN SIE FRAGEN, DIE SICH AKTUELL IN DEN VORDERGRUND DRÄNGEN

Gerade die Rauhnächte sind der richtige Zeitpunkt, um wichtige und entscheidende Fragen zu stellen, die im Alltag keinen Platz haben und trotzdem beantwortet werden müssen. Vielleicht brauchen Sie für ein aktuelles Thema eine Lösung, oder sind Sie sind auf der Suche nach einer Alternative zum Job oder einer Beziehung, die Ihren Alltag bestimmt. Sie können sich aber auch ganz allgemein die Frage stellen, worauf Sie im nächsten Jahr den Fokus legen wollen.

Es lohnt sich sicherlich, wenn Sie sich Ihre speziellen Fragen zuerst aufschreiben und sich diese in der Stille der Rauhnächte oder beim Orakeln bewusst machen. Die stillen Momente können Sie auch bei einem Spaziergang in der Natur erleben, wo Sie auch Antworten auf Ihre drängenden Fragen finden können. Verwenden Sie eine Art Tagebuch, um sich die Ahnungen, die Sie spüren oder die klaren Antworten, die Sie bekommen, aufzuschreiben. Dabei sollten Sie unbedingt die Hilfe der geistigen Welt annehmen.

RITUALE AM ANFANG UND AM ENDE DER RAUHNÄCHTE NUTZEN

Rituale, die Sie am Anfang und Ende der Rauhnächte durchführen, sorgen dafür, dass die Zeit zwischen der 1. und 12. Rauhnacht besonders kraftvoll wird und Ihr Bewusstsein sich auf das „Außergewöhnliche" einstellt.

Indem Sie ein Anfangsritual zu den Rauhnächten durchführen, die sowieso kommen, öffnet sich ein Raum voller Magie für Ihr Bewusstsein, in dem sich die Energien und Kräfte dieser mystischen Zeit komplett entfalten können. Das Anfangsritual können Sie am 21. Dezember, am Thomastag und der Wintersonnenwende, zur Abendstunde durchführen. Neben einem kleinen Ritual können Sie auch ein größeres Ritual gemeinsam mit anderen zelebrieren. Sehr symbolträchtig ist aber auch ein tiefer Moment, den Sie alleine oder mit anderen Menschen erleben. Wichtig ist aber, dass Sie das Ritual ganz bewusst durchführen.

Da jede Rauhnacht für einen Monat im kommenden Jahr steht, ist es durchaus sinnvoll, wenn Sie jeden der zwölf Tage dafür nutzen, um einmal innezuhalten und zu schauen, was Sie in der Zukunft erwarten könnte. Indem Sie sich bewusst werden, was im nächsten Jahr thematisiert wird, was Sie wollen und was Sie nicht mehr wollen, dienen Ihnen die Rauhnächte zur Vorbereitung auf das Neue im kommenden Jahr. Gestalten Sie den Ablauf und wiederholen Sie diesen jeden Tag. Dafür können Sie verschiedene Elemente wählen.

- Zünden Sie eine Kerze an und verbinden Sie Ihr eigenes Inneres mit dem Kerzenlicht.
- Kommen Sie zur Ruhe, atmen Sie bewusst und nehmen Sie das „Jetzt" bewusst wahr.
- Nehmen Sie Kontakt zur Anderswelt auf, um sich mit den helfenden Wesen zu verbinden, die Ihnen während der Rauhnächte zur Seite stehen sollen.
- Stellen Sie Fragen zum jeweiligen Tag und entsprechenden Monat im kommenden Jahr. Lauschen Sie der Antwort und tauschen Sie sich mithilfe eines Orakels mit den helfenden Wesen aus. Beschäftigen Sie sich mit dem jeweiligen Thema des Monats und schauen Sie, was Ihnen dabei Unterstützung bieten kann.
- Bitten Sie um ein helfendes Wesen für den jeweiligen Monat.

- Elemente, die Sie auch nutzen können sind Affirmationen, Yogaübungen oder Atemübungen, Freizeitbeschäftigungen und Aktionen, die Sie verwöhnen und jeden Tag des Monats nutzen. Sie können ruhig die gleichen Elemente immer wieder verwenden oder Abwechslung schaffen, indem Sie einen Tag etwas Geistige und am nächsten etwas Körperliches machen.
- Schreiben Sie Ihre Erkenntnisse und erhaltenen Botschaften unbedingt auf.

HÖHEPUNKTE AUS RITUELLER SICHT IN DEN RAUHNÄCHTEN

Höhepunkte, die jeder schon seit Kindertagen kennt, auch wenn Sie bisher nichts von den Rauhnächten gewusst haben, sind Weihnachten und Silvester. An diesen Tagen werden auch Rituale durchgeführt, auch wenn diese häufig nicht namentlich benannt werden. An den entsprechenden Tagen kommt immer das gleiche Gericht auf den Tisch. In der Familie wird gemäß bestimmten Abläufen gefeiert und man beschenkt sich gegenseitig.

An Silvester werden Raketen in den Himmel geschossen. Es wird geböllert und geknallt, Bleigießen durchgeführt und versucht, so einen Blick in die Zukunft zu werfen. Es werden Glückwünsche für das neue Jahr ausgesprochen, das noch ganz jung und rein ist. Unser Wunsch ist es, im kommenden Jahr alles besser zu machen. All dieses begründet sich auf der Mystik und Magie der Rauhnächte. Erleben Sie diese ganz bewusst, kann die kommende Zeit nur schöner und energiegeladener werden.

GEBEN SIE IHREM INNEREN NACH AUSSEN EINEN ANKERPLATZ

Sie fragen sich sicherlich, wie das funktionieren soll. Die Rauhnächte sind nach dem 6. Januar erst einmal vorbei, der Alltag ist dann wieder da. Alles ist wieder wie vorher und es hat sich nichts geändert.

Ist das wirklich so?

Haben Sie die Rauhnächte dazu genutzt, um zu lauschen, Ruhe zu finden und die Magie zu erleben, bleibt Ihnen die besondere Wirkung sicherlich länger erhalten. Gerade wenn Sie zudem das Orakel und Ihre innere Stimme befragt haben, was Ihnen das kommende Jahr bringen kann, haben Sie eine gute Basis für ein längeres Wirken geschaffen.

Sie haben vielleicht in den zwölf Nächten eine besonders tiefe innere Ruhe verspürt. Sehr entspannend war der Austausch mit der Familie und den Freunden, weil Sie sich dafür die Zeit genommen haben. Vielleicht haben Sie auch die völlige Stille mit jeder Faser Ihres Körpers genossen und daraus Kraft geschöpft. Sie haben sicher auch Kontakt zu Wesen aus der Natur und Anderswelt aufgenommen und diese gestärkt.

Eventuell haben Sie bestimmte Weichen neu gestellt und Sie wissen nun ganz genau, was Sie in Ihrem Leben nicht mehr wollen und wohin Sie Ihr Weg führen soll. Klopft der Alltag wieder an Ihre Tür, wird er ganz kühn dem Neuen die Stirn bieten, weil sich die Welt da draußen nicht auch zwingend verändert hat, nur weil Sie jetzt eine andere Sichtweise auf die Dinge haben. Dazu haben wesentlich Ihre Vorsätze zum neuen Jahr beigetragen.

Diesen Ankerplatz für Ihre Seele können Sie in der Zeit der Rauhnächte selbst mit Ihren eigenen Händen erschaffen. Das gelingt Ihnen mit Bildern, Aufzeichnungen, Collagen, kleinen Ritualen und mit Listen, in denen Sie Ihre Wünsche, Ziele und Vorhaben für Ihren Alltag konkretisieren. Sie können ganz kreativ sein und sich für die Möglichkeit entscheiden, die Ihnen am besten gefällt und genau zu Ihnen passt.

EIN TAGEBUCH FÜHREN IN DEN RAUHNÄCHTEN

Eine sehr einfache Möglichkeit ist, ein Tagebuch zu verwenden und darin alles aufschreiben. Geschriebene Worte bleiben Ihnen lange erhalten und beim Schreiben werden Sie viele Dinge deutlich klarer sehen. Schreiben Sie täglich ein paar Zeilen, wie es Ihnen heute geht und was passiert ist. Notieren Sie Erkenntnisse, Besonderheiten und die Ergebnisse, die Ihnen das Orakel aufgezeigt hat. Spontane Ideen für das, was kommt und Ihre Eindrücke sollten Sie auch unbedingt sammeln und niederschreiben.

Nehmen Sie im neuen Jahr ruhig Ihr Tagebuch wieder zur Hand und schauen Sie nach dem aktuellen Monat und was Sie zum passenden Tag in den Rauhnächten aufgeschrieben haben. Es kann nämlich durchaus interessant sein zu sehen, wie sich die Grundstimmungen und Themen als Spiegelbild darstellen.

FERTIGEN SIE COLLAGEN, MINDMAPS UND BILDER AN

Sie haben nicht nur die Möglichkeit alles aufzuschreiben. Besorgen Sie sich einen Fotokarton sowie einen oder mehrere große Bögen Papier. Darauf können Sie sehr kreativ werden. Greifen Sie zu bunten Stiften, um darauf zu zeichnen und Affirmationen aufzuschreiben. Kleben Sie Bilder oder bestimmte Symbole auf und lassen Sie Ihre Emotionen dabei fließen. Sie werden garantiert erstaunt sein, welche Eigendynamik sich einstellt, wenn Sie dem freien Fluss Ihrer Themen und Gedanken folgen. Sie erhalten Klarheit über spezielle Aspekte, die sich nicht einstellten würde, wenn Sie nur das Gedankenspiel nutzen, anstelle ihnen ein Gesicht zu geben.

Obendrein sind Collagen, Bilder und Mindmaps eine sehr schöne Art, Dinge festzuhalten, die Sie erreichen und verändern möchten. Wenn Sie nach den Rauhnächten diese in einem geschmackvollen Bilderrahmen aufhängen, können Sie im neuen Jahr immer wieder einen Blick darauf werfen. Es gelingt Ihnen damit, sich an die Rauhnächte mit ihrer Magie und Energie zu erinnern.

Sie schaffen sich damit einen bejahenden Alltag, weil Ihr Bild Ihnen immer wieder Ihre neuen Erkenntnisse aus den Rauhnächten aufzeigt. So bleiben diese viel länger präsent und können eine wirksame Stärke bereitstellen.

IHR PERSÖNLICHES JAHRESMANDALA GESTALTEN

Eine besondere Art und Weise, mit der Sie sich auf das kommende Jahr vorbereiten ist, wenn Sie Ihre Kreativität nutzen und Ihr ganz persönliches Jahresmandala anfertigen. Dafür brauchen Sie eine große quadratische Leinwand. Sie können auch ein großes Stück Stoff oder einen großen Bogen Papier verwenden und darauf die zwölf Monate des Jahreskreises gestalten.

Jedes einzelne Feld füllen Sie mit dem, was sich Ihnen in den Rauhnächten für den jeweiligen Monat offenbart hat und was Sie erhalten haben. Das kann zum Beispiel der Name der Orakelkarte oder Tarotkarte sein, die Sie aus dem Stapel gezogen haben. Genauso können Sie darin das Grundthema mit einem Begriff oder kleinen Naturgegenstand verewigen und genauso ein Bild von einem Engel oder Krafttier aufkleben.

Nutzen Sie die Ihnen zufallenden Gedichte und Erkenntnisse während der Rauhnächte und notieren Sie diese in Ihrem Jahreskreis. Der Mittelpunkt des Jahresmandalas lässt sich dafür verwenden, um das Thema festzuhalten, welches das ganze Jahr betrifft. Dazu nehmen Sie gegebenenfalls die entsprechende Orakelkarte.

Nach den Rauhnächten hängen Sie Ihr ganz persönliches Jahresmandala an einer Wand in Ihren vier Wänden auf, an der es für Sie selbst immer gut sichtbar ist. Ihr Besuch sollte es nicht unbedingt betrachten können. Ein guter Platz ist sicherlich das Schlafzimmer, Ankleidezimmer oder die Innenseite der Tür von Ihrem Kleiderschrank. Immer, wenn Sie einen Blick darauf werfen, werden Sie an Ihr anstehendes Thema erinnert und gleichzeitig bekommen Sie ganz unbewusst ein wenig von der Kraft und Energie, für die Sie sich in den Rauhnächten mit vollem Bewusstsein geöffnet haben.

DIE FÜNFTE JAHRESZEIT UND DER 13. MONAT ALS WEGBEGLEITER DURCH DIE RAUHNÄCHTE

Die Rauhnächte, die ein Bestandteil des Jahreskreises sind, können Sie als kleines zusätzliches Jahresrad sehen. So bekommt das Jahr einen 13. Monat und eine fünfte Jahreszeit. Das zeigt uns Menschen, dass die Rauhnächte doch ein Stück zu unserer irdischen Welt gehören.

Von jeder einzelnen Rauhnacht geht eine ganz eigene Kraft und Energie aus. Sie sind sogar mitunter sehr verschieden und äußerst individuell gestaltet. Sie sind der Bote für alle Dinge, die das neue Jahr uns allen und auch jeder einzelnen Person bringen kann. Sie durchlaufen in den zwölf Rauhnächten ein ganzes Jahr. Das legt nahe, dass die Energie des jeweiligen Monats mit den Stimmungen und Themen, die Sie in den zwölf heiligen Nächten wahrnehmen, auf besondere Weise verbunden sind. Woher stammen aber diese verbindenden Schwingungen? Jeder Mensch nimmt dasselbe Jahr auf verschiedene Weise wahr. Wenn Sie auf vergangene Jahre zurückblicken, wird Ihnen auffallen, dass diese durch zahlreiche, unterschiedliche Emotionen, Herausforderungen und Ereignissen geprägt waren.

DIE NATUR ALS VERBINDENDE KRAFT DER JAHRESKREISLÄUFE

Der Kreislauf der Natur, die unterschiedlichen Jahreszeiten, die wir jedes Jahr erleben, stellen die verbindende Kraft dar. Damit gehen der Kreislauf von Leben, Zerfall, Wachstum, Ernte, Fülle und die Ruhepause vor dem Start ins kommende Jahr einher. Sie können sich von diesem Kreislauf der Natur inspirieren lassen und ihre grundlegenden Themen für die einzelnen Rauhnächte formulieren.

Die Themen können Sie zusätzlich durch die zwölf Rauhnächte begleiten und zugleich zu den individuell gefühlten Qualitäten genutzt werden, um sich auf das kommende, neue Jahr vorzubereiten. Jeder weiß, dass die Jahreszeiten einen bestimmten Ablauf haben. Machen Sie sich diesen Ablauf einmal genauer bewusst, können sich sehr interessante Einblicke und Erfahrungen ergeben.

Das, was Ihnen die Natur offeriert und die Emotionen, die dabei auftreten, sind auch zutreffend auf Ihre Person. Indem Sie darauf eingehen und den Kreislauf der Jahreszeiten auf Ihr Dasein spiegeln, können Sie sich und Ihr Leben mit Ausgewogenheit beschenken und mehr Kraft erlangen.

Die Zeit des Neubeginns ist der Frühling, der drei Monate andauert. In diesen drei Monaten erwacht die Natur und es entsteht neues Leben. Der März wird sinnbildlich als Aufbruch, der April als Neugierde und der Mai als Stratege gesehen. Der Stratege oder die Strategie zeigt Ihnen die vielfältigen Chancen auf.

Aus kleinen zarten Austrieben entsteht ein Blütenmeer und weckt in Ihnen eine besondere Lust, etwas Neues anzufangen und in neue Abenteuer aufzubrechen. Sie selbst müssen nur Ihre Aufmerksamkeit darauf legen, in welche Richtung Sie gehen wollen.

Der Sommer ist die Zeit der Fülle, Gemeinschaft, Geselligkeit und Aktivität. Nachdem Sie im Frühjahr die gebotenen Chancen ergriffen haben, können Sie im Juni, Juli und August aktiv, an Ihren Wünschen, Zielen und Visionen kraftvoll arbeiten.

Der Herbst, der im September beginnt, ist eher als intuitive Zeit zu sehen. Im übertragenen Sinne ernten Sie jetzt das, was Sie in den vorherigen Monaten gesät haben und heranreifen konnte. Sowohl in der Vergangenheit als auch heute ist der Herbst die Jahreszeit der Dankbarkeit. Der Mensch ist dankbar dafür, was er sein darf und was er alles hat.

Der Winter hat, wenn Sie wirklich genauer darauf achten, eine ganz besondere Zeitqualität. Denn vordergründig geht es in diesen drei Monaten um Stille, Frieden und Weisheit. Der Winter zieht sich bis Ende Februar hin, bis es im März wieder zum Aufbruch kommt, mit dem sich ein neuer Jahreszeitenkreislauf ankündigt. In den zwölf Rauhnächten können Sie im Kleinen den Kreislauf der Jahreszeiten vorab erleben und für Ihre individuell erspürten Qualitäten nutzen.

DIE EINZIGARTEN FACETTEN DER EINZELNEN RAUHNÄCHTE

Mit der Wintersonnenwende am 21. Dezember beginnen die Rauhnächte. Der Thomastag, wie die Wintersonnenwende auch bezeichnet wird, steht für den kosmischen Auftakt. An zahlreichen Orten auf dieser Welt finden Sie Relikte und Reste von Bauwerken, die viele Jahrtausende alt sind, mit denen die Menschen den Stand der Sonne an diesem Tag gewürdigt haben. Selbst in unserer heutigen Zeit, führen Menschen an diesem speziellen Tag ein Feuerritual durch.

Der 21. Dezember ist der Tag, an dem es am kürzesten hell ist und an dem die Nacht, am längsten wehrt. Die Sonne hat ihren Tiefpunkt erreicht und wendet sich jetzt wieder in die andere Richtung. Ab dem 22. Dezember ist sie wieder länger sichtbar, auch wenn das zunächst nur minimal ist. Der Tag ist im Jahresverlauf der dunkelste und symbolisiert gleichzeitig die Wiedergeburt des Lichtes. Dadurch ist dieser Tag die erste ideale Einstimmung auf die folgenden Rauhnächte, die Sie ganz persönlich und individuell gestalten können.

Mit dem 21. Dezember bietet sich Ihnen auch die perfekte Chance, sich mit Ihren ganz persönlichen Wünschen, Zielen, Visionen und Sehnsüchten zu befassen. Sortieren Sie diese in Ihrem Herzen und Kopf und schreiben Sie diese auf kleinen Zetteln auf. Anschließend werden sie gefaltet und in eine Schale gegeben.

Schon mit dem Aufschreiben beginnen Ihre Wünsche in Ihnen selbst ihre Wirkung zu zeigen. Dafür brauchen Sie gar nicht selbst aktiv werden und in irgendeiner Form beizutragen. Jeden Tag, ab dem 25. Dezember entnehmen Sie der Schale einen kleinen Zettel und verbrennen diesen. Haben Sie dieses Ritual in jeder folgenden Rauhnacht durchgeführt, werden Sie am Ende das Wissen darum haben, was Sie noch zu erledigen haben.

25. DEZEMBER – ERSTE RAUHNACHT

Nach Heiligabend, um Mitternacht, öffnen sich die Pforten zur Anderswelt, die Rauhnächte beginnen und die Qualität der Zeit verändert sich. Ab jetzt gelten für genau zwölf Tage und Nächte nicht die Regeln des übrigen Jahres, sondern andere. Viele Menschen starten in die Rauhnächte aus der Stille heraus, die vom Heiligenabend übrig geblieben ist. Mit genau dieser Stimmung, die Sie in der ersten Rauhnacht verspüren, werden Sie den Januar empfangen, weil dieser eng mit dem ersten Monat des Jahres verbunden ist.

Stille – behutsam herantasten und ankommen

Es gibt zahlreiche Fragen, die Sie sich stellen können, um herauszufinden, was für Sie Stille bedeutet und wie Sie zu sich selbst finden.

- Was hilft Ihnen dabei, die Stille zu finden und dort anzugelangen?
- Ist Stille für Sie erträglich oder meiden Sie diese lieber?
- Was empfinden Sie, wenn Sie allein mit sich selbst sind?
- Was ist Ihre Lieblingsbeschäftigung?
- Was tun Sie gerne, wenn Sie allein oder mit anderen Menschen zusammen sind?
- Wie tief können Sie selbst in die Stille eintauchen?
- Können Sie die Stille erfühlen, auch wenn Lärm um Sie herum ist?

26. DEZEMBER – ZWEITE RAUHNACHT

Die zweite Rauhnacht ist der zweite Weihnachtstag und steht für den Februar. Dieser Tag wird häufig weniger festlich begangen. Da sich die Menschen zu den Feiertagen mit ihrer Familie treffen, kann diese Zeit auch manchmal weniger harmonisch ablaufen. Die zweite Rauhnacht stellt für Sie die beste Grundlage bereit, um das Thema Frieden genauer zu betrachten, zu durchleuchten und zu verinnerlichen. Es gelingt Ihnen dann, inneren Frieden zu finden und ein harmonisches Gleichgewicht zu erzeugen.

Frieden suchen und finden

Sie räumen in Ihrem Inneren auf, bereinigen das, was es zu bereinigen gibt und haben das Vertrauen, dass ein neu gesäter Samen austreibt und Früchte trägt.

- Welche Bedeutung hat für Sie Frieden und ein damit einhergehendes, harmonisches Gleichgewicht?
- Gibt Ihnen Ihr direktes Umfeld Frieden mit auf Ihren ganz persönlichen Weg?
- Welche Gedanken verhindern, dass Sie Frieden finden und zur Ruhe kommen?
- Von was müssen Sie sich trennen, um inneren Frieden zu erlangen?

Die zweite Rauhnacht gehört zum Monat Februar. Im Kirchenjahr ist der 2. Februar Lichtmess. Auch für die Kelten war dieser Tag des Lichtes ein Feiertag, der sich Imbolc nennt.

Das wirft natürlich die Frage auf, ob Sie vielleicht in Ihrer Vergangenheit Erfahrungen gemacht haben, die Ihnen hilfreich zu Seite stehen, um die Erinnerung an das Licht in Ihnen zu wecken.

27. DEZEMBER – DRITTE RAUHNACHT

Der 27. Dezember steht für den März im kommenden Jahr. Bei vielen Menschen stellt sich nun wieder der Alltag ein, obwohl dieser Tag und die darauffolgende Zeit keineswegs alltäglich ist. Es herrscht Aufbruchsstimmung in Richtung neuer Erfahrungen. In der Gesellschaft ist die dritte Rauhnacht ein ganz normaler Tag, auch wenn er Besonderheiten mit sich bringt. Er steht für den März, in dem der Frühling beginnt. Alles sprießt und streckt sich dem Licht entgegen, um prachtvoll zu wachsen und zu gedeihen. Alles steht auf Neustart, auf Aufbruch. Welche Empfindungen stellen sich bei Ihnen an diesem Tag ein? Haben Sie ganz konkret oder allgemein Lust auf etwas Neues?

Aufbruch und Neubeginn – endlich in Bewegung setzen

Das, was wachsen will, wird wachsen. Stellen Sie sich daher die Frage, was Sie bei der Umsetzung unterstützt.

- Was hilft Ihnen im Allgemeinen dabei, etwas anzufangen?
- Woher bekommen Sie den Mut für einen Neubeginn?
- Wer kann Sie dabei unterstützen, endlich loszulegen und anzufangen?
- Wofür haben Sie bereits den Grundstein gelegt und können jetzt in Ruhe weiter daran arbeiten?

28. DEZEMBER – VIERTE RAUHNACHT

Der Entsprechung nach steht dieser Tag für den Monat April. Längst treiben die Samen kraftvoll aus und zahlreiche Knospen strecken sich Richtung Sonnenlicht. Neugierig fragen Sie sich, was sich alles in der Natur, im Leben im Allgemeinen und natürlich in Ihnen selbst entfalten wird. Die Neugier auf sich selbst und auf anderes öffnet Ihren Blick für die neue Gedankenwelt, in die Sie eintauchen können. Genau mit dieser Haltung sollten Sie diese Rauhnacht erleben und verinnerlichen.

Neugierde – Was kommt, geht und bleibt?

Sie sind kindlich, offen und voll freudiger Erwartung auf das, was da kommen mag. Versuchen Sie in Ihrer Vorstellungskraft diese kindliche Neugier zu wecken und schauen Sie, was sich dabei Neues für sie eröffnet. Sie werden Dinge erblicken, die Sie bis zum heutigen Tage noch nicht gemacht haben. Vielleicht gibt es besondere Menschen und Persönlichkeiten, die Sie einmal kennenlernen möchten, einfach mal so als kleine Anregung. Werden Sie gerne überrascht oder überraschen Sie gerne andere Menschen?

29. DEZEMBER – FÜNFTE RAUHNACHT

Diese Nacht und auch der Tag stehen für den Monat Mai. Es ist ein Monat, in dem Sie immer noch die Stille und Besonderheit dieser mystischen Zeit spüren. Um die Rauhnächte ganz bewusst zu begehen und zu erleben, vom ersten bis zum letzten Tag, brauchen Sie Durchhaltevermögen und Standkraft. Wenn es einmal nicht funktioniert, weil Sie alltäglicher Stress und Hektik einholt, brauchen Sie sich keine Gedanken zu machen. Sehen Sie diesen Ausstieg als einen anhaltenden Zug an einem Bahnhof, in den Sie jederzeit wieder einsteigen und weiterreisen können.

Es eröffnen sich Ihnen immer wieder zahlreiche Chancen. Das zeigt Ihnen auch der Monat Mai. Es zeigt sich Ihnen eine unbeschreibliche Blütenpracht und damit offenbaren sich Ihnen greifbar die Chancen, Energien und Kräfte des Jahres. Sie brauchen eine Strategie und genauso eine kluge Planung, um Ihren eigenen Weg zu erkennen. Schauen Sie, welchem Thema Sie an diesem Tag folgen möchten.

Strategisch vorgehen

Verschaffen Sie sich einen Überblick darüber, ob Ihre Herangehensweise eher rational, emotional oder intuitiv ist.

- Wie ist bei Aktivitäten Ihre bevorzugte Vorgehensweise?
- Mit welcher Effektivität gehen Sie vor?
- Was steht Ihnen im Wege, endlich aktiv zu werden?

- Bewältigen Sie Herausforderungen komplett alleine oder bitten Sie andere um Hilfe und Unterstützung?
- Haben Sie bestimmte Pläne, wie Sie beim nächsten Schritt vorgehen?

30. DEZEMBER – SECHSTE RAUHNACHT

Dieser Tag steht für den Juni im kommenden Jahr. Mit großen Schritten eilt das Jahr wieder dem Ende entgegen. Alles dreht sich nur um den folgenden Tag, an dem das alte Jahr in das neue übergeht. Es ist der Zeitpunkt, an dem Sie mit dem alten Jahr abschließen. Dieses Abschließen sollte nicht nur im Herzen und im Kopf erfolgen, sondern mit dem gesamten Körper. Vielleicht möchten Sie im alten Jahr noch einmal tanzen, einen ganz persönlichen Jahresrückblick vollführen und gleichzeitig die Vorfreude auf das kommende Jahr spüren.

Aktiv sein

Bewegung hat eine immense Kraft. Sie entsteht nicht aus Ihren Gedanken heraus, sondern aus Ihrem Körper.

- Wie fühlen Sie sich, wenn Sie in Aktion, in Bewegung sind?
- Welche Reaktionen werden in Körper, Geist und in Ihrem Verstand ausgelöst, wenn Sie sich bewegen?
- Sehen Sie Ihren Körper als das Zuhause Ihrer Seele?
- Was würde Ihr Körper Ihnen über seine Wünsche und Sehnsüchte erzählen, wenn er mit Worten zu Ihnen sprechen könnte?
- Was inspiriert Sie und was sorgt dafür, dass Sie sich geistig in Bewegung setzen?

31. DEZEMBER – SIEBTE RAUHNACHT

Die siebte Rauhnacht steht für den Juli im kommenden Jahr. Überall herrscht eine besondere Stimmung und es wird gefeiert. Auch wenn das neue Jahr erst mit dem Ende der Rauhnächte am 6. Januar beginnt, wird heute schon das neue Jahr begrüßt, gebührend gefeiert und das Leben genossen. Das machen wir auch im Juli, in dem Grillfeste veranstaltet werden oder zum Baden und Entspannen an den See oder ans Meer gefahren wird.

Geselligkeit

Feiern, mit Freunden zusammen sein und miteinander Schönes erleben – das machen wir am 31. Dezember.

- Wie muss ein Fest begangen werden, damit es für Sie ein richtiges Fest ist?
- Was gehört zwingend dazu und was ist nicht unbedingt notwendig?
- Wie gelingt es Ihnen, das kommende Jahr mit den unterschiedlichen Bühnenbildern, die Ihnen geboten werden, zu einem Festjahr zu machen?
- Feiern Sie sich selbst gerne?
- Bevorzugen Sie die leisen Freuden oder doch eher große Aktionen?
- Was haben Sie für Freunde und welche stehen Ihnen am nächsten?
- Was wünschen Sie sich von einem wahren, echten Freund?

1. JANUAR – ACHTE RAUHNACHT

Diese steht für den August im kommenden Jahr und überrascht Sie mit unendlicher Fülle. Das Jahr hat im Ganzen 365 Tage, an denen Sie voller Erwartung sind, um mit Leben erfüllt zu werden. Heute ist auch der Tag, an dem sich der Monat August auf seine Bestimmung vorbereitet. Er bringt uns reichhaltige Früchte, eine Fülle an Getreide und zeigt uns die Fülle der Natur und Lebendigkeit.

Fülle ist gleichbedeutend mit Fruchtbarkeit

Alles ist in unendlicher Fülle vorhanden und gleichzeitig stellt sich damit eine große Freude ein. Sie freuen sich über alles, was Sie haben. Es ist auch die Zeit, um sich über folgende Fragen Gedanken zu machen.

- Was brauchen Sie tatsächlich?
- Haben Sie alles, was die brauchen?
- Was wünschen Sie sich zusätzlich?
- Gibt es Überflüssiges?
- Wie wertvoll ist Ihnen Ihre eigne Fülle?

- Gehen Sie mit Ihrer Fülle mit Wertschätzung um oder nutzen Sie diese nur als Aushängeschild?
- Ist es gerechtfertigt, dass Sie diese Fülle haben?
- Umfasst die Fülle alles, wovon Sie geträumt haben?
- Wo gibt es Einschränkungen in Ihrer Vorstellung in Bezug auf die Fülle in Ihrem Leben?

2. JANUAR – NEUNTE RAUHNACHT

Diese Rauhnacht steht für den September und ist die neunte heilige Nacht, in der für viele Menschen der Alltag tatsächlich wieder beginnt. Sie gehen wieder arbeiten und stürzen sich wieder in das Getümmel. Trotzdem befinden Sie sich immer noch in den Rauhnächten. Vielleicht haben Sie verinnerlicht, immer wieder einmal innezuhalten, Ruhe einkehren zu lassen und zu schauen, was vergangen ist und was zukünftig sein könnte. Hier liegt auch die Verbindung zum September. Der Sommer neigt sich seinem Ende zu und es beginnt die Zeit des Übergangs, in der Sie diesen besonders wahrnehmen und spüren können. Wo stehen Sie gerade und wo wollen Sie hin? Letztendlich geht es darum, wer Sie jetzt sind und wer Sie gerne sein wollen.

Folgen Sie Ihrer Intuition

Indem Sie sich von Ihrer Intuition leiten lassen, können Sie einen Blick nach innen werfen, Emotionen spüren und Ihrer Seele beziehungsweise der inneren Stimme lauschen, was diese Ihnen zu sagen hat. Sie begeben sich auf den Pfad, um sich selbst wahrzunehmen, wenn Sie Ihrem Bauchgefühl Vertrauen schenken. Überlegen Sie sich, was Ihnen dabei behilflich ist, noch mehr in Ihr Inneres vorzudringen.

3. JANUAR – ZEHNTE RAUHNACHT

Die zehnte Rauhnacht steht für den Oktober im kommenden Jahr. An diesem Tag sollten sie alles genießen und mit einem offenen Bewusstsein erleben. Wie Sie am heutigen Tag auf ein interessantes oder sogar erfülltes Leben zurückschauen können, gelingt es Ihnen jetzt darüber nachzudenken, welche Einsichten die bereits vergangenen Rauhnächte Ihnen geliefert haben. Genauso wie im Oktober halten Sie Rückschau, prüfen das Geerntete und für das kommende Jahr wereden Samen gesammelt. Es sind Ihre Erfahrungen und Ideen, die Sie sammeln und in der kommenden Zeit wieder in die Erde einbringen und aussäen.

Früchte ernten und das Bewusstsein stärken

Sie erkennen die Früchte, die aus dem eingesäten Samen entstanden sind und sehen, welchen Samen Sie neu einsäen. Dadurch gelangen Sie zu der Erkenntnis, was Sie bisher alles erreicht haben und wo Ihre Talent, Stärken und Fähigkeiten liegen. Sie führen sich vor Augen, was Sie bereit für Herausforderungen bewältigt haben und erkennen, was Sie bewusster und stärker gemacht hat. Grundsätzlich geht es an diesem Tag darum, wie Sie Ihre Erfahrungen sichtbar machen können und dabei Ihr eigenes Licht verwenden. Außerdem schaffen Sie Klarheit darüber, was, wann und mit wem Sie Ihre Erkenntnisse und Erfahrungen teilen wollen.

4. JANUAR – ELFTE RAUHNACHT

Dieser Tag steht für den November des folgenden Jahres und zeigt auf, dass die Rauhnächte fast geschafft sind. Vielleicht sind Sie schon reich beschenkt worden, durch die Erfahrungen, die Sie in den Rauhnächten machen durften. Die Felder sind abgeerntet und die Vorräte in Speichern verstaut. Es kehrt ein Stück weit Ruhe ein, in der sich Dankbarkeit ausbreiten kann.

Dankgefühl, Dankbarkeit und Verbundenheit

Die Früchte und das Getreide sind geerntet und es entsteht eine Verbundenheit mit allem. Es ist der richtige Zeitpunkt, um sich die Frage zu stellen, wofür Sie dankbar sind. Welche Herausforderungen erfüllen Sie mit Dankbarkeit, weil Sie dadurch einen neuen Blick auf die Dinge und neue Erkenntnisse bekommen haben?

- Wie danken Sie dem Göttlichen und Ihren Ahnen für Ihre Unterstützung?
- Was wurde Ihnen von diesen mit auf den Weg gegeben, um diesen Lebensweg, den Sie eingeschlagen haben, zu gehen?
- Können Sie auch für die scheinbar kleinen, wenig weltbewegenden Dinge Dankbarkeit empfinden?

5. JANUAR – ZWÖLFTE RAUHNACHT

Es sind die letzten Stunden der Rauhnächte, in den der Countdown unaufhörlich seinem Ende zuläuft. Durch das vergangene Jahr haben Sie einen guten Weg gewählt und auch die Rauhnächte hinter sich gebracht, die Ihnen Erkenntnisse zum kommenden Jahr geliefert haben. Ihre Erfahrungen und Erlebnisse im vergangen Jahr haben Ihnen zu mehr Klugheit verholfen, die Sie am Anfang noch nicht hatten. Das ist die Basis, aus der Ihre Weisheit hervorgeht.

Erkenntnis, Wissen und Weisheit

Sie haben nach Wissen gesucht, Fragen gestellt, sich zurückgezogen, von Altem verabschiedet, sich für das Göttliche aus der Anderswelt geöffnet und Weisheit erlangt. Doch welche Bedeutung hat für Sie dieses ganze Wissen, die Erkenntnisse und die daraus erlangte Weisheit? Indem Sie in sich gehen, finden Sie auch Antworten auf folgende Fragen:

- Wie sollten andere Personen Sie beschreiben, wenn Sie einmal ein hohes Alter erreicht haben?
- Was möchten Sie gerne für ein Mensch sein?
- Welche Erfahrungen haben andere gemacht, die Sie in Ihrem Leben stark berührt haben?
- Wann hat etwas die richtige Reife erreicht?
- Wann ist Zeit für Aufbruch, Veränderung und Loslassen?

Welche Empfindungen stellen sich bei Ihnen ein, wenn Sie über folgenden Aussage nachdenken: „Für Ihren Weg sind nicht die Antworten auf Ihre Fragen wichtig. Wichtig ist hingegen, die Fragen auf die richtige Art zu stellen!“

6. JANUAR - DER ÜBERGANG IN DAS NEUE, KOMMENDE JAHR

Es ist der 6. Januar, der Dreikönigstag, der die Lücke der Rauhnächte wieder schließt. Die Geister, Dämonen und wohlwollenden Wesen ziehen sich wieder in die Anderswelt zurück und die Pforten schließen sich. Bevor sich wieder die ursprüngliche Normalität einstellt, wurde in früherer Zeit groß gefeiert und ausgiebig gegessen. Denn es hieß, wenn an diesem Tag alle froh, glücklich und satt sind, würde das auch im kommenden Jahr so sein.

Genau um Mitternacht wurden die Fenster weit geöffnet und das neue Jahr ausgiebig gefeiert. Die Natur erwacht wieder zu neuem Leben und lässt sich ganz ohne Dämonen und Geister auf besondere Weise wahrnehmen. Nutzen Sie den Dreikönigstag, um mit Freunden oder der Familie eine Wanderung durchzuführen, einzukehren und sich genussvoll satt zu essen. Sie können diesen Tag auch auf ihre ganz eigene Weise begehen.

Sicher ist auf jeden Fall, dass das Licht gesiegt hat und nun wieder sichtbar an Stärke und Intensität zunimmt. Sie selbst gehen mit neuem Elan in ein neues Jahr, das noch unbefleckt und rein ist. Mit dem Ritual, dass Sie zum Abschluss der Rauhnächte durchführen, wird feierlich der Raum voller Magie und Mystik wieder verschlossen. Sie starten neu in den Alltag mit einem gestärkten Bewusstsein.

Die Rauhnächte sind die Zeit der Rituale, die mit einem Anfangsritual starten und mit einem Schlussritual beendet werden. Denn gerade diese Zeit braucht einen gebührenden Abschluss, damit sich diese magische Zeit nicht mit dem Alltag vermischt.

Am einfachsten gelingt Ihnen das, wenn sie auf ähnliche Weise wie beim Anfangsritual die Rauhnächte beenden beziehungsweise abschließen. Indem Sie zum Abschluss der Rauhnächte ein Ritual durchführen, starten Sie mit Klarheit wieder in Ihr Leben, so wie es für Sie normal ist. Haben Sie die Rauhnächte als Vorbereitung auf das neue, kommende Jahr genutzt, haben Sie sicherlich auch einen starken Fixpunkt für das Außergewöhnliche erschaffen.

Nehmen Sie sich ruhig gelegentlich Ihr Rauchnächte-Tagebuch zur Hand, um sich einen Impuls zu holen oder um neue Inspirationen zu finden. Haben Sie eine Collage, ein Mindmap oder ein Jahresmandala angefertigt, werden diese Sie durch da neue Jahr begleiten und Ihnen Freude, Zuversicht und Vertrauen schenken. Das gelingt, weil Sie die Qualitäten in einem Bild festgehalten haben.

Haben Sie die Rauhnächte ganz ohne Rituale, Räuchern und andere Aktivitäten, ganz in Ruhe und gemütlich erlebt, werden Sie sich sicher auch an diese zwölf Rauhnächte erinnern, die Sie abseits von Stress und Hektik erlebt haben. Malen Sie in Ihren Gedanken ein Bild mit unbeschreiblichen Farben, mit dem Sie sich diese einzigartige Auszeit ins Gedächtnis rufen.

Raunacht von **Elke Bräunling**

(Kleines Gedicht zu den Raunächten)

*„Rau sind die Nächte,
verwunschen die Zeit.
Das Heer, das wilde,
es ist nicht mehr weit.*

*Hörst du? Ein Brausen.
Ein Zischen. Ein Schrei.
Die Schar der Geister,
sie poltert herbei.*

*Verwischt sind die Grenzen
der Welten. Hab Acht!
Das Tor zum Andern
steht offen bei Nacht.“*

RAUHNÄCHTE NUTZEN – BEREITEN SIE SICH AUF DAS KOMMENDE JAHR

Die Tage zwischen dem 21. Dezember und 6. Januar ist die Zeit, in der Sie die Chance haben, das alte Jahr mit gutem Gewissen zum Abschluss zu bringen und den Weg ins kommende Jahr zu ebnen.

Befreien Sie sich von Altlasten, negativen Emotionen und lassen Sie die Vergangenheit hinter sich. Es ist eine gute Zeit, um Streitereien mit wichtigen Personen beizulegen und klärende Gespräche zu führen.

Versuchen Sie materielle Altlasten zu begleichen und alle noch offenen Rechnungen zu bezahlen. Werden Sie aktiv, indem Sie aufräumen, sortieren, ablegen, putzen und sich von negativen und belastenden Dingen verabschieden. Machen Sie sich Gedanken darüber, mit welchen Personen Sie die Tage der Rauhnächte verbringen wollen. Schauen Sie dabei genau hin, wer Sie im vergangenen Jahr besonders unterstützt hat und wem Sie für die Hilfe noch einmal Ihren Dank aussprechen möchten.

Gerade während der Rauhnächte sollten Sie Ihre Träume aufschreiben. Denn alles, was Sie in diesen Nächten träumen, kann ein Hinweis auf das sein, was in den nächsten Monaten kommen kann. Haben Sie in der Nacht vom 24. Dezember auf den 25. Dezember den Traum, dass Sie leidenschaftlich geküsst werden, kann es sein, dass Sie im Januar einer Person begegnen, in die Sie sich verlieben.

Träume, die Sie nachts vom 25. Dezember auf den 26.Dezember haben, können Ihnen einen Einblick in den Februar geben. Dieser rote Faden zieht sich durch alle zwölf Rauhnächte und ermöglicht Ihnen ein Blick in das kommende Jahr.

Indem Sie räuchern, vertreiben Sie böse Geister und Negativität aus Ihrer Wohnung und Sie verhindern damit, dass sich diese schlechten Energien auf Sie übertragen. Nutzen Sie die Räucherglut dazu, um einen Ihrer dreizehn Wünsche zu verbrennen, die Sie sich für sich selbst, Ihre Familie und Freunde wünschen. Indem Sie Ihre Wünsche mit gutem Gewissen aus der Hand geben, wird sich um jeden einzelnen Wunsch anschließend von Monat zu Monat gekümmert. Um den Wunsch, der am Ende der Rauhnächte noch übrig ist, müssen Sie sich im kommenden Jahr selbst kümmern, damit er in Erfüllung geht.

Haben Sie Ihre Träume, Gedanken, Erfahrungen und Erlebnisse in den Rauhnächten niedergeschrieben, können Sie dieses kleine Tagebuch immer wieder nutzen, um darin nachzuschlagen und Dinge wieder in Erinnerung zu rufen.

SCHLUSSWORT

Die Rauhnächte, sind die zwölf Tage einer Zwischenzeit, in der Sie einmal eine Auszeit vom Alltag nehmen sollten, um innezuhalten, sich nicht mit Unnötigem zu beschäftigen und einfach einmal in sich selbst zu horchen. Spüren Sie ganz bewusst, was in diesen Tagen passiert, die außerhalb der Zeit liegen.

Früher durfte während der Rauhnächte keiner Arbeit nachgegangen werden. Auch Wäschewaschen war nicht erlaubt. Alle Schulden mussten zurückgezahlt und alle geliehenen Dinge zurückgegeben werden.

Möchten Sie auf eine Entdeckungsreise gehen, sich mit der Zwischenwelt oder Anderswelt verbinden? Die Rauhnächte sind die ideale Zeit dafür, weil die hiesige Welt mit der Anderswelt verschmilzt.

Es ist eine mystische, übersinnliche Zeit voller Magie, in der Sie dazu eingeladen werden, zu reflektieren und manifestieren. Sie sind besonders empfänglich für Botschaften und Hinweise aus der Anderswelt.

Jeder der zwölf Tage nach Weihnachten steht in Verbindung mit einem Monat im kommenden Jahr. Das bedeutet, dass Sie die Rauhnächte optimal dafür nutzen können, das Orakel zu befragen. Es ist auch eine Zeit, in der Sie Altes loslassen und neue Ziele setzen können.

Ist die geheimnisumwittere Schwellenzeit zu Ende, beginnt etwas Neues. Diesem Neuen können Sie mit Klarheit und Selbstsicherheit entgegen gehen, weil Sie in den Rauhnächten guten Samen gesät haben, der im kommenden Jahr Früchte tragen wird. Sie haben sich auf eine reichhaltige Ernte vorbereitet und eine gute Basis geschaffen, indem Sie die rauen Nächte zum sich Öffnen und Formulieren neue Visionen genutzt haben.

Vielleicht haben Sie in dieser Zeit Ihre Träume und Erlebnisse in ein Rauchnacht-Tagebuch aufgeschrieben, haben die Meditation genutzt, um einen klareren Blick auf das Vergangene und Zukünftige zu werfen und den Gedanken freien Lauf gelassen.

In der Natur bei einem Spaziergang sind Ihnen vielleicht immer wieder kleine Hinweise aufgefallen oder Tiere begegnet, die Ihnen Kraft und Energie gespendet haben. Oder Sie haben geräuchert, um den Raum zu reinigen, die Seele zu öffnen und sich auf das kommende vorzubereiten.

Alles, was Sie ganz bewusst in den Rauhnächten praktizieren, erweitert Ihren Horizont und verhilft Ihnen zu neuen Erkenntnissen und Selbstbewusstsein. Sie befreien sich von Ballast und öffnen sich für neue Wege, Richtungen und Ziele, die Sie im neuen Jahr begleiten werden.

Nutzen Sie das besondere, mystische Zeitfenster während der Rauhnächte, um sich selbst zu erden und tief in sich selbst vorzudringen, indem Sie zur Ruhe kommen und das Neue mit Dankbarkeit empfangen!

Haftungsausschluss

Die Umsetzung aller enthaltenen Informationen, Anleitungen und Strategien dieses Werkes erfolgt auf eigenes Risiko. Für etwaige Schäden jeglicher Art kann die Autorin aus keinem Rechtsgrund eine Haftung übernehmen. Für Schäden materieller oder ideeller Art, die durch die Nutzung oder Nichtnutzung der Informationen bzw. durch die Nutzung fehlerhafter und/oder unvollständiger Informationen verursacht wurden, sind Haftungsansprüche gegen die Autorin grundsätzlich ausgeschlossen. Ausgeschlossen sind daher auch jegliche Rechts- und Schadensersatzansprüche. Dieses Werk wurde mit größter Sorgfalt nach bestem Wissen und Gewissen erarbeitet und niedergeschrieben. Für die Aktualität, Vollständigkeit und Qualität der Informationen übernimmt die Autorin jedoch keinerlei Gewähr. Auch können Druckfehler und Falschinformationen nicht vollständig ausgeschlossen werden. Für fehlerhafte Angaben von der Autorin kann keine juristische Verantwortung sowie Haftung in irgendeiner Form übernommen werden.

Impressum

Emonora Brevil, c/o AutorenService24, Wenneberg 14, 48653 Coesfeld, www.autorenservice24.de

Printed in Poland
by Amazon Fulfillment
Poland Sp. z o.o., Wrocław

15483552R00058